本书受到教育部中外语言交流合作中心国际中文教育研究一般项目（项目批准号 22YH13C）、云南师范大学博士后科研启动项目（项目编号 00100205020503231）、大理大学博士科研启动项目（项目编号 KY2519121440）资助

基于语料库的时间维度心理动词释义优化研究

彭小娟　著

北京语言大学出版社
BEIJING LANGUAGE AND CULTURE UNIVERSITY PRESS

图书在版编目（CIP）数据

基于语料库的时间维度心理动词释义优化研究 / 彭小娟著. -- 北京 : 北京语言大学出版社, 2025. 6.
ISBN 978-7-5619-6754-6

Ⅰ. H195.3

中国国家版本馆CIP数据核字第2025CA7227号

基于语料库的时间维度心理动词释义优化研究

JIYU YULIAOKU DE SHIJIAN WEIDU XINLI DONGCI SHIYI YOUHUA YANJIU

排版制作：北京创艺涵文化发展有限公司
责任印制：周 燚

出版发行：北京语言大学出版社
社　　址：北京市海淀区学院路 15 号，100083
网　　址：www.blcup.com
电子信箱：service@blcup.com
电　　话：编 辑 部　8610-82303390
　　　　　国内发行　8610-82303650/3591/3648
　　　　　海外发行　8610-82303365/3080/3668
　　　　　北语书店　8610-82303653
　　　　　网购咨询　8610-82303908
印　　刷：天津鑫丰华印务有限公司

版　　次：2025 年 6 月第 1 版　　印　　次：2025 年 6 月第 1 次印刷
开　　本：787 毫米 × 1092 毫米　1/16　　印　　张：14
字　　数：228 千字
定　　价：58.00 元

PRINTED IN CHINA
凡有印装质量问题，本社负责调换。QQ1367565611，电话 010-82303590

序

乙巳蛇年，新岁伊始，彭小娟老师将其大作《基于语料库的时间维度心理动词释义优化研究》成稿赐下，嘱我作序，于是我有幸成为第一位读者。能先睹为快，既是一种荣幸，也是一种压力，尤其于我这个从语法教学中途逃跑转战学习词典研究的新兵而言，更是如此。

收到书稿，我即如饥似渴地展开阅读，边读边想，颇为欣喜，也颇有感慨，下面略陈一二。

首先，在辞书不被重视的当下，仍然有老师，特别是年轻老师在坚持做词典研究，令人感动。众所周知，在当今全球化的时代背景下，国际中文教育正以前所未有的速度蓬勃发展，成为连接不同文化和促进国际交流的桥梁。外向型汉语学习词典作为这一领域不可或缺的工具，不仅承载着传递语言知识的功能，更肩负着推动国际中文教育和中华文化走出国门的重任。然而，非常遗憾的是，96% 的汉语学习者不选择甚至不知道中国出版的汉语学习词典，而选择无论是内容还是意识形态都存在诸多问题的海外研发的汉语学习词典 APP。这种情况与汉语“应用力”全球第二的排名实不匹配。世界上大概没有其他任何语言面临着如此尴尬的情景。正如江蓝生先生所言，尚无一本词典真正走出国门的中国可“称作辞书大国，但距离建成一个辞书强国还有很大的差距”，中国要由辞书大国迈向辞书强国，外向型汉语学习词典责任在肩，任重道远。这一使命和重任必然落到年轻一代的身上，所以无论是国家战略层面还是国际中文教育的应用层面，都应加强外向型汉语学习词典的编纂和研究，都应善待愿意坚守汉语学习词典编纂与研究事业的年轻辞书人。

其次，彭老师抓住辞书研究的核心，专注于释义，特别是聚焦深耕动词释义，以小见大，对词典其他方面的研究均有启发。释义是词典编纂工作的核心与灵魂，直接关系到学习者的学习效率与效果。对一部外向型汉语学习词典而言，除了释义精准和科学外，还应注意释义难度。中国出版的汉语学习词典之所以不被汉语学习者接受，原因大概可以总结为不便带、不会查、查不到、看不懂、学不会、不互动等六个“不”，其中“看不懂”说的主要是释义让人看不懂。现有汉语学习词典的释义之所以让学习者看不懂，主要是因为它们在权威内汉词典的威力之下不敢越雷池半步，所谓的外向型汉语学习词典都带有鲜明的内汉痕迹。如何使外向型汉语学习词典的释义真正体现“外向型”和“学习型”，相关研究较少，研究成果不多，彭小娟博士的著作就是这方面的一次勇敢尝试。在当前背景下，这种尝试显得弥足珍贵。

再次，本书致力于探索如何通过语料库技术，结合时间性特征和论元结构理论，对现代汉语中时间维度心理动词的释义进行优化，这显示出彭老师敏锐的学术洞察力和创新意识。动词作为句子的核心成分，其多义现象尤为复杂，如何准确、全面地对动词，尤其是心理动词释义，成为词典编纂中的一大挑战。彭老师以敏锐的学术洞察力，以《国际中文教育中文水平等级标准》中的词表为选词来源，经过严格筛选，最终确定了 15 个使用频率高、义项复杂的时间维度单音多义心理动词或动词性语素作为研究对象。这些动词涵盖了思考类、回忆类、希望类和了解类等多个心理活动范畴，所以该研究具有较强的理论价值和应用价值。在研究方法上，本书充分运用语料库技术，通过对大规模语料数据的标注和分析，揭示了这些心理动词在实际语言使用中的义项分布情况和时间性特征。同时，作者还结合论元结构理论和时间场景理论，对各个义项的成因进行了深入的解释和阐述，为释义的优化提供了坚实的理论基础。通过本研究，作者发现现有外向型汉语学习词典在释义方面存在诸多问题，如释义表达欠准确、未揭示内涵意义、不完备、用词太难以及未形成释义闭环等。针对这些问题，作者提出了相应的优化建议，如：尽量避免以词释词，多采用描述性话语释义的方式；提高释义的准确度与精细度，合理划分义项；提高释义的系统性，基于时间顺序依次划分与描写义项。本研究所选的 15 个心理动词中已有 3 个动词的研究成果单独成文发表在业内核心期刊上，足见作者在此领域的深耕细作和学术眼光。无论是从研究方法还是研究结论来看，本研究都可以为外向型汉语学习词典的编纂提供新的思路和启发。

最后，书稿近乎无瑕，却存微瑕。如章节目录尚可简化。又如，本研究所选的 15 个心理动词，实际上有一部分并非词，而是语素，如“思”“虑”“忆”“欲”等在现代汉语中应是不成词语素。当然，汉语词与非词的界限本就模糊，其划分也是见仁见智之事，也许算不得问题，加之对本研究影响不大，应无关宏旨，仅供参考。

再次感谢彭老师给我先睹为快的机会。同时也期待本书能够为辞书领域和国际中文教育领域的学者带来启示和帮助。

杨玉玲

2025 年 2 月 23 日星期日

于北京竹韵清舍

目　录 CONTENTS

绪　论

第一章　基于语料库的时间维度心理动词使用偏误研究

第二章　基于语料库的思考类心理动词义项划分及描写

第三章　基于语料库的回忆类心理动词义项划分及描写

第五章 基于语料库的了解类心理动词义项划分及描写

绪 论

一、研究背景和意义

外向型汉语学习词典是供以汉语为第二语言的学习者学习汉语使用的工具书，“是推动国际中文教育走向世界强有力的、具有突破意义的工具”（郑定欧，1999）。章宜华（2011）曾对国内某高校华文学院几十名国际中文教师和100多名留学生进行了关于汉语学习词典使用情况的系统调查，结果表明，国内出版的汉语词典在留学生中的拥有率不足7%，超过九成的外国留学生不购买中国出版的汉语学习词典，四成的留学生竟不知道市面上有这些词典。

释义是词典编纂的核心和灵魂（陆俭明，2009；胡文飞，2013）。“对读者影响最大的就是释义。”（陆俭明，2009）一个词如果释义不贴切或不恰当，会影响读者对该词的理解，甚至会误导读者。

就动词释义而言，外向型汉语学习词典释义存在两大问题。其一为“内汉”现象严重，外向型特征不够突出，释义照搬内向型语文词典。外向型汉语学习词典是面向学汉语的外国人的，词典的释义要根据外国学习者的实际需要和学习特点来设计。然而，历年出版的汉语学习词典都没有摆脱传统语文词典的释义模式，《现代汉语词典》（以下简称《现汉》）的影子在这些词典的释义中挥之不去，这些词典基本上都是以《现汉》为范本，没有真正从国外用户学习中文的特点去考虑。其二为释义存在同义对释现象，缺少语言知识和句法环境，导致二语学习者很难弄清一些词语的区别。

综上所述，一方面，外国留学生十分需要一部能满足他们汉语学习需求的词典，这种需求是客观存在的，并且会越来越强烈；另一方面，国内编纂出版的汉语学习词典在留学生中的认可度低，外向型汉语学习词典在释义方面存在不足，急需运用先进的理论作指导，对释义模式进行优化和创新，打造出真正适合外国学习者的汉语学习词典品牌。

在数智化时代背景下，运用语料库技术能够有效提高词典中多义词义项分布的完备性、准确性与系统性。在词典释义中，心理动词具有抽象意义，是释义中的难点，值得进行系统且深入的研究。鉴于此，我们运用语料库技术，基于论元结构理论与时间性特征，考察了“想”“忆”“盼”等15个现代汉语时间维度心理动词的义项分布情况，以丰富多义词义项分布研究视角。

二、选题依据

众所周知，从《尔雅》到《现汉》，我国的辞书编纂走过了一条漫长的路。张志毅（2012）指出，我国辞书事业的发展大致可分为五个阶段：辉煌阶段、新兴阶段、辞书小国阶段、辞书大国阶段、走向辞书强国阶段。其中在“辉煌阶段”（指先秦至清末），我国的辞书有近千种，除去专业辞书，普通辞书也有600多种，中国在早期辞书理论与编纂方面比西方领先了1800年。但到了当代，我国辞书理论的研究呈现出以下特点：跟踪研究占据主导地位，而原创研究则相对较少；模仿较多，创新较少；描写较多，理论较少；整合或综合研究较多，独创研究较少；等等。这与辞书事业发展不平衡有关，反映出当前辞书学理论建设中存在的一些问题，如缺乏创新性、综合性和应用性等。辞书学发展的动力源于理论创新，辞书学理论唯有不断推陈出新，方能扩充辞书学的知识总量。

有研究认为，生成词库论的核心内容——论元结构理论可用于词典释义的研究。鉴于此，我们以论元结构理论作指导，从义项精细度、释义饱满度、释义相似度三个角度考察了15个常用单音节多义时间维度心理动词“想（think）”“思（deliberate）”“虑（consider）”“希（hope）”“望（wish）”“盼（expect）”“欲（desire）”“记（remember）”“念（thought）”“忆（recall）”“忘（forget）”“懂（understand）”“知（know）”“觉（feel）”“悟（realize）”在三本外向型汉语词典与三本外向型英语词典中的义项分布情况[①]。研究发现，三本外向型汉语词典对这

① 三本外向型汉语词典是：《现代汉语学习词典》（孙全洲版）（以下简称《现学》）、《当代汉语学习词典（初级本）》（徐玉敏版）（以下简称《当学》）、《商务馆学汉语词典》（以下简称《商学》）。三本外向型英语词典是：《牛津高阶英语词典》（第10版）（以下简称《牛高》）、《朗文当代高级英语辞典》（第6版）（以下简称《朗高》）、《柯林斯COBUILD高阶英语学习词典》（第8版）（以下简称《柯高》）。

15 个时间维度心理动词的释义存在义项划分不完善、以词释词、词典间义项相似度高等问题。具体表现为，所选 15 个时间维度心理动词在《现学》《当学》《商学》中平均收录义项数分别为 3.071、0.857[①]、2.429，描述性话语释义数分别为 0.5、0.71、1.29，三本词典间释义相似度近乎 100%；而这 15 个时间维度心理动词在《牛高》《朗高》《柯高》三本外向型英语词典中平均收录义项数分别为 5.786、12、13.21，描述性话语释义数分别为 5.5、11.71、12.21，三本词典间释义相似度较低。具体数据见表 0–1。

表 0–1　汉英外向型词典 15 个心理动词释义情况对比

项目	《现学》（1995）	《当学》（2005）	《商学》（2006）	《牛高》（2021）	《朗高》（2019）	《柯高》（2017）
平均收录义项数	3.071	0.857	2.429	5.786	12	13.21
三本平均	2.119			10.332		
描述性话语释义数	0.5	0.71	1.29	5.5	11.71	12.21
描述性话语释义比例	16.28%	83.33%	52.94%	95.06%	97.61%	92.43%
三本平均	50.85%			95.03%		

通过对比可以发现，三本英语词典平均收录义项数是汉语词典的 4.875 倍，英语词典描述性话语释义数高出汉语词典 44.18 个百分点。

描述性话语释义是用短语或句子描写词的义项，这种释义方式可以融语法、语用、语义为一体，能更好地显示词的语义特征、搭配特点等，便于词典用户理解。现有汉语词典在描写时间维度心理动词义项时，以词释词的释义模式不利于词典用户的理解。

鉴于上述原因，本研究基于 HSK 动态作文语料库和中山大学留学生汉字偏误语料库，从语法、语义与语用三个方面考察留学生在所选 15 个时间维度心理动词使用中的偏误情况，再基于北京大学中国语言学研究中心研制的 CCL 语料库（以下简称“CCL 语料库”），结合论元结构理论与时间维度心理动词的时间性特征，探讨时间维度心理动词的义项划分和义项描写。研究认为，论元结构理论与时间性特征的结合可提高时间维度心理动词义项划分的完备性、义项描写的准

① 因为有的词《当学》中没收录，所以平均收录义项数小于 1。

确性和义项排序的系统性，为外向型汉语词典对时间维度心理动词的释义进行修订提供参考，为国际中文教育中时间维度心理动词的教与学提供借鉴。

由于语言同人类心理活动关系密切，且心理动词具有时间性，因此基于时间性特征考察时间维度心理动词的释义优化问题具有独特的研究价值。本研究所选的15个时间维度单音节多义心理动词的使用频率较高。词的使用频率越高，义项就越多（房青，2011），因此本研究选取这15个心理动词作为研究对象。

具体来说，本研究以《国际中文教育中文水平等级标准》(2021）中的词表为选词来源，以《现代汉语分类词典》(苏新春，2009）为分类依据，以CCL语料库排名为使用频率依据，从《现代汉语分类词典》心理活动类词中选出义项复杂、使用频率高且本义为心理动词的4类共计15个时间维度单音节多义心理动词作为研究对象。具体见表0–2。

表0–2　15个时间维度单音节多义心理动词统计表

小类	次小类	心理动词	级别	使用频率排名	语料条数
a. 思考类	1	想	一级	190	638600
	2	思	二级	344	359474
	3	虑	四级	1047	71442
b. 希望类	1	希	三级	489	239074
	2	望	三级	374	318419
	3	盼	六级	1968	15653
	4	欲	六级	1383	39626
c. 回忆类	1	记	一级	141	762845
	2	忘	一级	1150	58972
	3	念	三级	602	178432
	4	忆	三级	1438	35827
d. 了解类	1	懂	二级	1427	36478
	2	觉	一级	546	207119
	3	知	一级	263	472737
	4	悟	六级	1917	16830

从表0–2可知，在CCL语料库统计的10645个字词中，本研究所选字词使

用频率排名在前500名的有6个，在501～1000名之间的有2个，在1001～1500名之间的有5个，在1501～2000名之间的有2个，可见本研究所选时间维度心理动词均是排名在前2000名的高频常用词，值得研究。

三、国内外研究现状

（一）外向型汉语学习词典释义研究现状

1980年，著名语言学家吕叔湘主编的《现代汉语八百词》由商务印书馆出版，这是我国第一部面向外国人的现代汉语用法词典。20世纪90年代以来，多部汉语学习词典相继问世，其中《现学》（孙全洲，上海外语教育出版社，1995）、《现代汉语常用词用法词典》（李忆民，北京语言学院出版社，1995）、《汉语常用词用法词典》（李晓琪等，北京大学出版社，2002）、《汉英双解词典》（王还，北京语言文化大学出版社，1997）、《当学》（徐玉敏，北京语言大学出版社，2005）、《商学》（鲁健骥等，商务印书馆，2006）等较有代表性，这些词典反映了我国学习词典发展的现状和水平。随着我国学习词典编纂事业的蓬勃发展，学界开始对学习词典的各个方面进行研究，本研究主要关注释义研究。外向型汉语词典释义研究现状可以概括为：释义方式研究集中在对某部词典释义方式的研究上，缺少大数据视野下的释义实证研究。

释义方式是释义的重要组成部分，对释义的质量有很大影响。现阶段关于释义方式的研究可分为四类。

第一类，对某部词典的释义进行研究。张苗苗（2021）指出了《现汉》中切割类动词释义中存在的问题，并提出了修改意见。章宜华（1999）采用随机抽样的方式，先在《牛津现代高级英语学习词典》中随机抽取161条动词释义，再从《朗文当代英语辞典》《现代法语词典》和《现学》中抽取相同数量的对等词进行对比分析，发现《现学》在释义的微观结构上存在概念特征揭示不足、缺乏内涵意义特征、表达欠准确、同义释义的冗赘与矛盾等问题。杨金华（2009）从使用角度较为认可《商学》的释义，他认为该词典的释义通俗易懂，在释词上力求摆脱母语词典释义模式的影响，充分考虑到母语非汉语者的接受能力和学汉语的实际需要，显示出了外向型词典的个性。虽然该词典在以上几方面有一定的优势，但是从精益求精的角度来讲，介绍词的用法的内容还可以扩充。夏立新（2013）运用现代语言学理论对《商学》中的释义问题进行分析，随机抽取了50个动词，发现其中19个动词的释义分别存在不够精确、不完整、限制过严、用词太难、未能反映被释义词的内涵意义、释义网络未做到完全闭环等问题，认为汉语学习词典急需利用语言学理论和词典学最新研究成果对词典释义加以改进，以满足外国学习者的需求。

以上研究以典型外向型汉语学习词典《现学》《商学》为对象，发现了以上词典释义表达欠准确、未揭示内涵意义、不完备、用词太难、未形成释义闭环等问题，并提出汉语学习词典的释义急需语言学理论和词典学理论指导，为本研究奠定了良好的基础。本研究在前人研究的基础上，从微观视角对15个现代汉语时间维度心理动词分别进行个案分析，以自下而上的方式构建时间维度心理动词释义模式，为外向型汉语学习词典释义的优化提供参考。

第二类，对某个词类的释义进行研究。张青文（2008）通过考察动词词类在语料库中的义项分布情况，反观词典释义的精细度与准确度。孙运芹（2012）从三部外向型汉语学习词典（即《HSK中国汉语水平考试词汇大纲汉语8000词词典》《商学》《学汉语用例词典》）中收集语料，考察了262个副词的义项分布情况，并对比三部词典中这262个副词释义的异同。

以上研究集中在考察某个词类在语料库与外向型词典中的义项分布情况，可见，学界已开始关注基于语料库的义项分布研究，但分类较笼统，不利于反映词小类的义项分布规律。

第三类，对某几部词典的释义进行对比研究。章宜华（1999）通过对比汉、英、法学习词典的释义，发现传统词典只释概念义，不符合学习词典的特点。杨彬（2011）从《汉语水平词汇与汉字等级大纲》中选取了所收录的全部26个“目”部字，以内向型《现汉》和外向型《商学》作为工具书，对这些字的释义进行了对比分析，重点讨论了某些义项的去留、释义模式、释义用词等问题。章宜华（2011）根据二语学习的需要，选取了3本外向型汉语词典与5本外向型英语词典作为研究对象，以150个词为个案，通过抽样对比分析的方法，从释义内容与结构、释义框架与概念结构、同义对释与循环释义、词典闭环性与释义语言简洁性等方面探讨了外向型汉语词典释义存在的问题，并提出了改进建议。

以上研究均从已有词典中收集语料，未从大规模语料库中收集语料，语料来源单一，缺乏大规模数据的支撑。

第四类，对外向型汉语学习词典的释义标准进行研究。在释义的具体要求方面，学者们的立足点、关注点不同，意见各有千秋。周小兵（1997）提出对外汉语词典的释义要考虑词典自身的特点，要用简单句释义，标明使用范围，适当地使用列举和描述的方法。杨金华（2003）认为现有外向型汉语学习词典未能找到与外国读者解读能力相适应的释义方法，应该从外国人的需要出发提供足够的用法信息。刘晓梅（2005）提出高级外向型汉语学习词典应突出“学习型”功用，侧重释义元语言的应用，强调其搭配特征，能够利用语义场提供同义、近义信息及编排词目，力求在对比中分析词义和语境特征。周上之（2005）认为，应该参考学生的语言使用偏误情况进行有针对性的释义。杨宁（2006）认为，应借鉴国际中文教育的研究成果，释义中有必要说明词语的功能，还应增加用法说明，并列举典型例句，不能单单给出外语翻译。李禄兴（2008）提出词典释义不应是静态的而应是动态的，应该在口语中寻求语料。赵新等（2009）认为，释义应准确易懂，除解释词语意义外，还应说明其语法特点、句法功能、语用条件等。

简言之，释义语言简单，意义、用法兼顾，重用法、重文化、重辨析是研究者们共同认可的释义标准，但“详细”的程度、“适当”的具体标准还比较模糊，实际操作仍存在困难。

（二）现代汉语心理动词研究现状

在动词范畴中，心理动词占据了非常重要的位置，是汉语词汇学与词典学的重点研究对象，研究成果丰富。研究者对现代汉语心理动词的研究主要集中在现代汉语心理动词的定义与分类研究、现代汉语心理动词的习得研究上，现代汉语心理动词的释义研究仅有少量成果，尚未形成体系。

1. 现代汉语心理动词的定义与分类研究

最早把表示心理活动的动词划分为一个类别的是马建忠的《马氏文通》（1898）。《马氏文通》将动词分为“显性”和“隐性”两类，将心理动词归为隐性动词，并给出了定义，这是中国最早的心理动词定义与分类成果。随后，吕叔湘（1942，1953）将心理动词作为一类词进行研究，明确将心理动词归为动词的一个类别，心理动词从此成为独立的研究对象，这在汉语动词分类研究史上具有开创性意义。此后很多学者都对其进行了讨论。

袁义林（1988）从语义特征和语法特征的角度把心理动词分为动作动词、状态动词、过程动词。丰竞（2003）、文雅丽（2007）、张积家（2007）等从不同的角度对心理动词进行了分类研究，从思辨到量化，在研究方法上不断推进。

但以上研究主要从语义角度进行分类研究，缺乏语义、语用、语法互动的分类研究。张积家（2007）认识到了量化研究的重要性，但样本量仍嫌不足。可见研究方法与研究内容都还有待改进。

范晓（1987）给心理动词下了一个相对明确的定义。在文雅丽（2007）的研究中，“凡是具有［＋述人］、［＋大脑器官］、［＋心理过程］等语义特征的动词，均被划定为心理动词”。

苏新春（2013）编写的《现代汉语分类词典》是一部大型语义分类词典，共收词 8.3 万条，它依据一定的哲学社会观将心理分出了五个语义层级①。《现代汉语分类词典》注重义类划分，层级分明，强调语文词收录，遵守以“义”为纲的分类原则，是当前词汇分类研究的最新成果之一（洪桂治、苏新春，2015）。

2. 现代汉语心理动词的习得研究

在现代汉语心理动词习得研究中，偏误研究成果最多，主要分为国别研究和类别研究。

在国别研究方面，刘博（2008）以韩国学习者为研究对象，分析了 65 个心理动词的偏误类型及其成因，发现韩国学生出现偏误是因为受到两方面的影响，一方面是受汉语的近义词、音节、语序的影响，另一方面是受其母语（韩国语）的字词意义以及语法规则的影响，最后总结了母语为韩国语的学习者习得汉语心理动词的偏误情况，并提出了相应的教学建议；董书晓（2017）总结分析了日本留学生习得汉语心理动词的偏误类型及其成因；阮氏玉燕（2018）从

---

① 苏新春（2013）编写的《现代汉语分类词典》依据一定的哲学社会观，将心理分出了五个语义层级，包括 9 个一级类、62 个二级类、516 个三级类、2086 个四级类、12602 个五级类。

汉越对比角度对越南学生的偏误进行了分析；陈辰、黄龙杨（2020）从英汉对比角度出发，以“祝（hope）”“希望（wish）”为个案，考察释义对等问题，发现“祝”“希望”的释义与英语的“hope”“wish”不对等，并建议教师结合学习者的习得顺序分阶段进行教学。

在类别研究方面，徐迟（2015）总结了48个“爱恨”类心理动词的使用偏误，并提出了教学建议；李晴（2016）抽选了《汉语水平词汇与汉字等级大纲》中的甲级心理动词，在汉语母语语料库中考察其典型搭配情况，为留学生心理动词使用偏误的纠正提供了建议；鲁晓梅（2018）研究了29个认知心理动词的偏误情况。

张逸（2022）从语义特征出发，对“知道”类认知心理动词“认识”“了解”“理解”“明白”“知道”进行了研究并对其教学进行了全面剖析，指出“知道”类认知心理动词是高频易混淆词，因此留学生学习时容易产生偏误。帕力扎·热合木吐拉（2021）以语义场理论为指导，对现代汉语认知心理动词中的“知道”类、“记忆”类、“信任”类、“注意”类、“认可”类中131个常用认知心理动词进行了研究，提取义征，概述了现代汉语认知心理动词的网络基本形态，初建了语义网。

赵雅瑞（2019）基于语义场理论，从语义视角将18个甲级认知心理动词归入7个下级语义场，运用义素分析法对各个义场中的动词进行了语义分析，从而归纳出各义场词的语义特征，并基于HSK动态作文语料库考察了这18个甲级认知心理动词的语义偏误情况，对其中偏误数量最多的心理动词的语义偏误情况进行了详细分析，提出了对外汉语认知心理动词的教学对策。朱颖（2021）试图从句法、语义和语用三个层面找出“恐怕”“害怕”“担心”三者之间的共性与差异，并结合留学生常出现的偏误类型，对国际中文教学提出了相关建议，提出要重视含有相同义素词语的教学。

以上研究对研究时间维度心理动词的义项划分及义项描写具有启发意义，其不足之处是未基于大规模语料库考察义项的划分及描写。

（三）所选15个单音节时间维度心理动词研究现状

15个单音节时间维度心理动词研究成果鲜见，主要是关于“想”“思”“虑”

“念”“盼”“懂”“知”的研究，分别总结如下。

1.“想”的研究综述

“想”作为“内隐动词（private verb）”（Palmer，1988），因其语义、语用、语法的复杂性而受到学者关注。研究成果集中在句法语义、构式、话语标记三个方面。

在“想”的句法语义研究方面，王希杰（1992）、Xu 等（2013）研究了“想”的语义空间。在“想”的构式研究方面，储泽祥和程书秋（2008）考察了“想”构式的制约因素，程丽霞（2014）从历时视角探讨了“想”相关构式的演变路径与机制，唐玉环（2019）研究了“想”的构式及其效果。在“想”构成的话语标记研究方面，有郭邵军（2004）的“我想”研究、王灿龙（2009）的“想是”研究。

2.“思”的研究综述

学者们对“思”的句法语义研究主要集中在对历史作品中“思”的语义解读上。如颜萍（2017）、王静玉（2020）通过描写《诗经》中“思”的句法分布，分析《诗经》中“思”的意义，提出《诗经》中的“思”有以下六个意思：动思念；动思考，想；动担忧；名思绪，想法；语气助词表示感叹；音节助词无意义。杨德发（2018）解读了《论语》中的“思”字，提出《论语》中的“思”有以下六个意思：动思考；动考虑；动想要，希望；动想念；动想到；名思想。李超、郝继东（2022）考察了唐诗中“思”的“哀愁”义。李小红（2019）列举了“思”在《说文解字》《辞源》《现汉》中的语义演变，认为三部工具书对“思”的解释有差别，但也体现出共同的语义面，并提出“思”对人的思维方式、学习方式等方面都有重要的现实意义。陈思、李仕春（2017）探讨了“思”在 CCL 语料库中的义项分布情况，发现“思”除了《现汉》(第 6 版）中已收录的 6 个义项外，还有“回想，回忆”和“悲伤，哀愁”两个新义项，并对其新增依据进行了理论性探讨，研究还证明了引进语料库技术对汉语中型语文性词典的编纂是必需的。

3.“虑”的研究综述

在“虑”的已有研究中，曾卿（2017）运用语料库技术对“虑”的义项进行了重新划分及描写，发现了“虑”的两个新义项，并运用认知语言学中的隐喻理论解释了两个新义项的产生，然而其未基于“虑”的时间场景与论元结构理论视角划分和描写义项，义项划分不够完备，而且义项描写采用的仍然是以词释词的释义模式，不利于学习者理解。

4.“念”的研究综述

在“念”的已有研究中，杨颖（2013）以“念”的诵读义为研究视角，探讨“念”的诵读义的形成时间和形成原因；曾文斌（2022）则以动词“念”“读”“诵”为研究对象，研究其诵读义的历时演变原因；王金英（2021）提出“念”的语义演变经历了“心理动词—言说动词—言语行为”的特殊路径。由此可见，“念”的已有研究主要集中于分析其言语义的产生原因上，而对其心理义的义项分布情况的研究成果鲜见。

5.“盼”的研究综述

在“盼”的已有研究中，莫艳珍（2018）运用语料库技术对“盼”的义项进行了重新划分及描写，然而其未基于“盼”的时间场景与论元结构理论视角进行分析。

6.“懂”的研究综述

学界对“懂”的使用偏误研究已有部分成果，但“懂”的释义研究成果鲜见。偏误研究成果有：金云烈（Kim Woonryeol）（2020）、陈昕蓓（2017）等对“懂”及其近义词“知道”“明白”进行了偏误分析。李净雅（Lee Jeonga）（2021）进一步指出，“懂”“明白”“了解”“理解”都有“知道”之义，“明白”可表示“懂”，也可表示“了解”，心理类近义词的词义区别非常细微，甚至一个词是另一个词的某个义项，需要对其进行特殊识记，否则难以实现活学活用。李雪（2021）指出，由于泰语中的“懂”和“知道”都是同一个泰文词，所以泰国汉语学习者经常在“懂”和“知道”两词的使用上出现偏误。

7.“知”的研究综述

作为心理动词，“知”的意思就是“知道”，所以已有研究中对“知”的研究都体现为对“知道”的研究。张逸（2022）从语义特征出发，对“知道”类认知心理动词“认识”“了解”“理解”“明白”“知道”进行研究并对其教学进行了全面剖析，指出“知道”类认知心理动词是高频易混淆词，因此留学生在使用时容易产生偏误。

目前，学界对于“知”的使用偏误研究已有部分成果。金云烈（Kim Woonryeol）（2020）、陈昕蓓（2017）等对“懂”及其近义词“知道”“明白”进行了使用偏误分析。李雪（2021）指出，由于泰语中的“懂”和“知道”都是同一个泰文词，所以泰国汉语学习者经常在“懂”和“知道”两词的使用上出现偏误。由此可知，对于外国学习者而言，这几个心理动词的释义十分相似，区别细微，使用时很容易产生偏误。综上，心理动词“知”的使用偏误研究已有一定的成果，但释义研究仍嫌不足，值得进一步研究。

（四）论元结构理论研究现状

本研究基于语料库并结合论元结构理论与心理动词的时间性特征考察 15 个时间维度心理动词的释义优化问题。将论元结构理论应用于动词的释义研究已取得了一定的成果，现综述如下。

论元结构理论强调，在理解词义时需要关注词在句子中扮演的角色。分析词的论元结构，可以揭示事件的句法和语义关系，帮助我们更好地理解句子的含义。如肖升、何炎祥（2012）从计算机科学学科视角，基于动词论元结构，介绍了中文事件抽取方法。张苗苗（2023）从论元结构和物性结构互动视角建构了切割类动词的释义模型。

董晓明、林正军（2018）以发表在 *Cognitive Linguistics* 和国内外语类核心期刊上的相关论文为数据来源，从发展趋势、研究路径和研究方法三个方面切入，探讨了认知视域下论元结构实证研究的现状，评析了这一领域的研究所取得的成果。

戴曼纯、刘晓英（2007）运用实证法，从心理动词论元结构及其子语类特征角度考察了中国英语学习者习得心理动词的规律。研究表明，心理动词的论元结构和子语类特征的复杂性都与学习者的习得强相关。

四、文献述评

汉语释义研究具备较先进的理论观念，研究成果也不逊色于西方。然而可惜的是，这些优秀的语言学理论和方法并没有融合运用于汉语学习词典释义中。理论、方法和运用呈现割裂状态，势必会对汉语学习词典的编纂造成不利的影响，导致外国学习者对中国出版的汉语学习词典认同度不高，使用率较低。综上所述，我们对外向型汉语学习词典的释义研究评述如下。

（一）基于论元结构理论的心理动词释义研究已初见成果，但未成体系

研究仅有个别论文发表，如王成、李仕春（2019）运用论元结构理论研究了“想”的义项分布情况。相关研究为基于论元结构理论的心理动词研究奠定了基础，然而仅为个别案例的研究，缺少从上位范畴视角进行的系统研究，因此，基于论元结构理论的心理动词释义研究还有待进一步拓展和深入。

（二）时间维度心理动词使用偏误研究成果较多，但基于偏误的释义研究成果鲜见

虽然国际中文教育领域已经有学者对时间维度心理动词做了一些研究，但成果并不丰富，且大多从语义、语法和偏误角度分析学生的习得现状。也有学者关注心理动词与程度副词等的搭配问题，但目前的研究较少使用语料库来考察心理动词语义的发展现状，对词典释义的研究也只是孤立地考察了中介语发展过程中的偏误部分，结合汉语母语语料库研究时间维度心理动词释义的成果鲜见。

鉴于此，结合语料库技术，对外向型汉语学习词典时间维度心理动词的义项分布与描写进行研究，找出义项分布与描写存在的问题并进行改进，不仅有利于减少汉语作为第二语言学习者的偏误，而且有利于外向型汉语学习词典时间维度心理动词义项划分与描写的优化。

（三）单音节时间维度心理动词研究已有部分成果，但尚未形成体系

关于心理动词“想”的研究成果集中在句法语义、话语标记、构式方面，而“想”的释义研究成果鲜见。关于心理动词“思”的研究成果集中在对文学作品中“思”的语义解读方面，而“思”的释义研究成果鲜见。关于心理动词“虑”的研究，有学者对“虑”的义项进行了重新划分与描写，并运用认知语言学中的隐喻理论解释了两个新义项的产生，然而其未基于“虑”的时间场景和论元结构理论视角划分与描写义项，其义项描写采用的仍然是以词释词的释义模式，不利于词典用户的习得。关于心理动词“盼”的研究集中在基于语料库的义项划分方面，但是未结合外向型词典释义及理论解释各义项的分布规律。学界对心理动词“懂”与“知”的偏误研究已有部分成果，集中在“懂”“知”与近义词“知道”“明白”“了解”“理解”等的误用方面，但基于留学生偏误的“懂”“知”的释义研究成果鲜见。关于“念”的研究主要集中在分析其言语义的产生原因上，而对其心理义的义项分布与描写的研究成果鲜见。

综上所述，本研究基于范晓（1987）对心理动词的定义，结合《现代汉语分类词典》（苏新春，2013）与张积家（2007）提出的分类依据（从整体上将心理动词分为认知和情意两大类，再从认知类心理动词中抽选出时间维度心理动词），考虑到时间维度心理动词的时间场景，将时间维度心理动词分为“思考类”“回忆类”“希望类”“了解类”，然后从《现代汉语分类词典》中选择15个《国际中文教育中文水平等级标准》中收录的单音节多义时间维度心理动词作为研究对象，以框架语义学理论中的场景理论与论元结构理论为理论指导，采用定性定量相结合的混合研究法、描写与解释相结合法、对比分析法，探究15个单音节多义时间维度心理动词的义项分布规律，为词典释义及国际中文词汇的教与学提供参考。

五、理论基础

（一）场景理论

场景是语言之外的真实世界，以及人们对真实世界的记忆、感觉、知觉等。场景通过词、短语、句子而得以描述。词语、句子以场景为深层语义基础，突出或强调场景中的某一部分（冯志伟，2006）。

场景理论是框架语义学的一个重要内容。根据框架语义学的理论，我们可以将事件看作由多个语义场景组成，每个场景表示事件的不同方面。例如，一个场景可能包含关于动作、参与者、目标等方面的多个框架。这种表示事件的方法使我们能够更全面地捕捉事件的复杂性和多样性。本研究所选15个时间维度心理动词突显了时间场景，时间场景又分为内在时间场景与外在时间场景。

（二）论元结构理论

场景由一个个论元构成，论元主要由名词或名词短语充当，在极少数情况下由动词担任（由动词担任论元时，该论元叫作“超级论元”），每个论元在句中担任一定的语义角色，若干个角色就构成了论元结构（argument structure）（袁毓林，2002）。动词作为句子的核心，搭配不同的论元会产生不同的意义，从而成为多义词（Fillmore，1968）。论元结构是近三十年现代语言学理论研究中持续被关注的热点，最早可追溯至20世纪60年代Fillmore（1968）和70年代Gruber（1976）提出的表示述语与相关名词之间语义关系的语义角色。语义角色后来被称为论旨角色（thematic role）。

以袁毓林（2002）的解释为基础，我们可以简单地理解为：论元就是句子里跟动词等谓词搭配、能体现语义关系的名词短语。这些名词短语所具有的语义身份就是论旨角色。把论元和对应的论旨角色整合起来，就是论元结构，它能体现一个词项（主要是谓词）所能搭配的论元情况[①]。袁毓林（2002）将论旨角色的层级关系划分如下（见图0–1）：

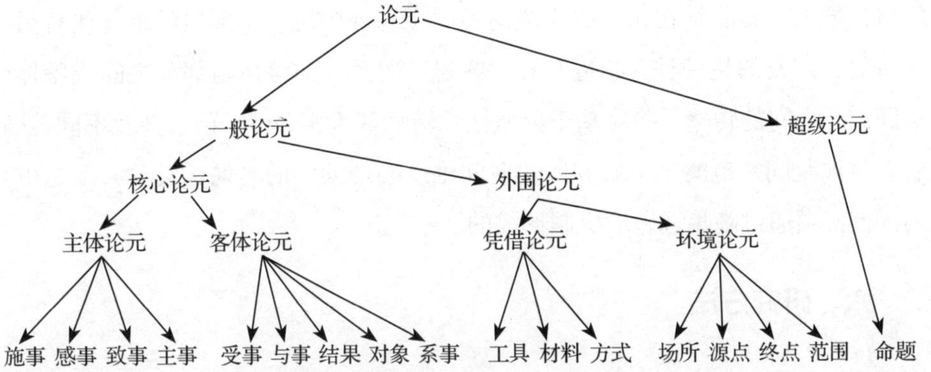

图0–1　论元结构层级关系（引自袁毓林，2002）

从分布上看，施事、感事、致事、主事不能同现，因此，可以把这四个论元角色合成一个，不加区分，统称为主体。本研究基于主体论元这一层级考察所选时间维度心理动词的论旨角色。在客体论元中，与事、受事可同现，但不会在本研究所选的时间维度心理动词中同现，因此本研究不细分客体论元，而是从客体论元这一层级考察所选时间维度心理动词的论旨角色。由于工具、材

① 谓词有固有的论旨角色，这些角色表示谓词所涉及的主体、客体或动作、行为、状态、场所，动作的起点、方向、终点、原因及引起的结果、凭借的工具，等等。

料、方式、场所、源点、终点、范围的变化会让时间维度心理动词产生不同的义项，所以本研究在对所选心理动词进行论元结构分析时，具体到第四层级（即工具、材料、方式、场所、源点、终点、范围）。

（三）隐喻与转喻理论

一个词刚产生时往往只有一个含义，随着社会的发展以及人们对客观世界认识的深入，人们对客观事物会产生更多新的认识，从语言经济性原则出发，人们在创造新的语言符号时会选择赋予之前的符号新的意义，一词多义由此产生。认知语言学的原型范畴理论认为隐喻和转喻是词汇实现一词多义的重要途径，是人们理解和表达抽象概念的重要工具。认知语言学认为，隐喻和转喻的认知基础都是过往的经验。隐喻涉及两个概念——源域和目标域，前者对人们而言具有具体性和熟知感，后者则具有抽象性和陌生感。隐喻是指在建立源域和目标域之间的相似性的基础上，将相对简单易懂的源域映射到相对复杂难懂的目标域上。转喻指在相近或相关的不同概念域中用一个突出的事物代替另一个事物，涉及的是一种“接近”和“突显”关系，如整体与部分之间或整体中不同部分之间的转喻。隐喻基于象似性，转喻基于相邻性，前者涉及不同范畴，后者只涉及同一范畴。本研究所选时间维度心理动词的名词性义项大多是由其动词性义项通过隐喻或转喻机制形成的。

六、研究方法

（一）对比研究法

词典对比是词典释义研究的重要方法。本研究基于 3 部外向型汉语词典与 3 部外向型英语词典，对比所选的 15 个时间维度心理动词的释义，互通有无，取长补短。

（二）定性定量混合研究方法

本研究首先基于 HSK 动态作文语料库、中山大学留学生汉字偏误语料库，考察所选 15 个时间维度心理动词在语法、语义、语用方面的使用偏误情况，然后基于 CCL 语料库，对所选 15 个时间维度心理动词分别抽取 10000 条语料，统计出所选词各义项的占比，以达到定量标准，并以这 15 个时间维度心理动词为个案，就其义项划分和描写进行定性判断。

（三）描写与解释相结合的方法

描写与解释相结合的研究方法是语言学研究的普遍方法，针对语料的研究要在描写的基础上进行解释。因此，本研究既要运用 CCL 语料库发现 15 个时间维度心理动词各义项的分布情况，又要运用论元结构理论与时间场景解释这 15 个时间维度心理动词各义项分布与描写的理据。

七、研究目的

（一）提高时间维度心理动词义项划分的完备性

本研究基于 CCL 语料库，每个时间维度心理动词抽取 10000 条语料，分析该词在真实语料中的义项分布情况，根据各义项的占比对所选词的义项进行精细划分与描写。采用这一定量研究范式能够提高释义的精细度。

（二）提高时间维度心理动词义项描写的准确性

黄建华（1984）指出，现代语文词典应是句子词典。章宜华（2000）提出了同样的观点。可见，描述性话语释义优势明显。本研究将论元结构理论与时间场景运用到时间维度心理动词义项划分及描写中，基于语料库数据，全面研究所选时间维度心理动词在不同时间场景下的论元分配特点，并将该词的语用信息与时间性特征融合体现在释义中，以使现代汉语时间维度心理动词义项描写更加准确且通俗易懂。

（三）提高时间维度心理动词义项排序的系统性

释义的“同场同模式”原则要求同一层次语义场的词的释义模式相同。本研究运用论元结构理论与时间场景，重新划分与描写 15 个时间维度心理动词的义项，在同一理论与同一特征的引导下，提高时间维度心理动词义项排序的系统性。

八、语料的抽取与标注

利用语料库技术能在极短时间内搜集到海量语料。本研究中用到的 CCL 语料库中的现代汉语语料约有 6 亿字符。一方面，海量的语料对我们分析义项、划分义项、描写义项、构建释义模式能起到巨大的帮助作用；另一方面，庞大的语料数量给我们研究的时间和精力带来巨大的挑战。为了保证语料运用的科学性、客观性，在运用语料时，我们既要保证所选语料的充足性，同时也要兼顾所选语料的均衡性。因此，在本研究中，对于语料的选择，我们坚持以下原则：一是在数量上以每词抽取 10000 条语料为标准，按照下文介绍的方法抽取；二是尽量保留语料库中语料的真实面貌，不因语料抽取导致失真。首先，要保证不因为抽取导致某一分类的语料全部消失；其次，对同一分类中的语料抽取时也要兼顾均衡性，尽量避免因为抽取导致某一义项的语料面貌失真。CCL 语料库共有 4 个层级 33 个小类。二级分类包含当代和现代；三级分类为当代中划分出的 CWAC、口语、史传、应用文、报刊、文学、电视电影、相声小品、网络语料、翻译作品和现代中细分出的戏剧与文学；四级分类又细化分出了 33 类。

下面，我们以“想”为例，详细介绍本研究中的语料抽取方法：

第一步，打开 CCL 语料库，在现代汉语语料库中搜索“想”，下载全部 467178 条语料。

第二步，分离出“想”的二级分类“当代”语料 454369 条、二级分类“现代”语料 12809 条。

第三步，进一步分离出“想”的三级语料和四级语料数量：“当代”下三级分类“ CWAC”语料 4032 条、“口语”语料 2280 条、“史传”语料 5100 条、“应用文”语料 12757 条、“报刊”语料 238150 条、“文学”语料 84690 条、“电视电影”语料 13645 条、“相声小品”语料 1645 条、“网络”语料 23649 条、“翻译作品”语料 68421 条，“现代”下三级分类“戏剧”语料 912 条、“文学”语料 11897 条。部分三级分类下再细分出四级分类数量。

第四步，抽取 10000 条语料。我们按照三级分类进行抽取，抽取后的语料总数量为 10000 条，具体方法为：根据每一类四级分类（若没有细分至四级分类，则采用三级分类的数据）的下载语料数在该词全部下载语料数中的占比，对照计算出该四级分类在 10000 条抽取语料中相应的数据。为保证抽取的语料的均衡性，在分类下载的各类语料中，若出现次数小于等于 500，则抽取 10 到 100 条语料；次数在 501 到 5000 之间的，抽取 100 到 500 条；次数在 5001 到 30000 之间的，抽取 500 到 1000 条；次数在 30000 以上的，抽取 1000 条或 1000 条以上。为使抽取的语料在时间上具有均衡性，我们采用分阶段的方式抽取频次较高的语料。以“人民日报”的语料为例，“想”共有 83682 条语料，时间跨度为 1993 年到 2000 年。其中 1993 年、1994 年的语料有 26028 条，抽取 350 条；1995 年、1996 年的语料有 27274 条，抽取 350 条；而 1998 年和 2000 年的语料有 30380 条，抽取 300 条。将按比例抽取出的每类语料统一放入 Excel 表中，建立“想”的平衡语料库。具体的语料抽样情况如表 0–3 所示：

表 0–3 “想”的语料抽样统计表

二级分类	三级分类	四级分类	下载语料数	抽样语料数
当代	CWAC		4032	100
	口语		2280	100
	史传		5100	100
	应用文	中国政府白皮书	91	51
		健康养生	1112	100
		法律文献	39	10
		社会科学	6315	110
		自然科学	1698	50
		药方	29	29
		菜谱	41	20
		议论文	1485	100
		词典	1886	100
		说明书	61	30
	报刊	1994 年报刊精选	34707	1000
		人民日报	83682	1000
		作家文摘	17152	500
		市场报	3092	100
		故事会	601	50

续表

二级分类	三级分类	四级分类	下载语料数	抽样语料数
当代	报刊	新华社	49543	1000
		读书	32538	500
		读者	16602	500
		青年文摘	233	50
	文学	大陆 / 内地作家	62619	1000
		台湾作家	11226	500
		香港作家	10845	500
	电视电影	非文艺	5739	100
		文艺	7906	100
	相声小品		1645	100
	网络语料		23649	500
	翻译作品	应用文	12654	500
		文学	55767	500
现代	戏剧		912	100
	文学		11897	500
合计			467178	10000

接下来标注"想"的平衡语料库中的10000条语料[①]，标注情况如图0–2所示：

序号	语料	来源	标题	作者	义项	复合词	专名	无效语料	备注
23	107:...要有好成绩，没有好学生是枉谈，一方面是招生大战愈演愈烈，甚至[想]法去"买"优秀生、"挖"考生，一方面是一般非重点学校大打疲劳战...	【文件名:\当代	文章标题:	作者:】	1	想法			开动脑筋、思索
24	108:...常心理的事情，比如考试时告诉学生要发扬"雷锋精神"，有的甚至[想]尽办法窃题、把学习不好的学生赶走(甚至对不好的学生采用体罚等"...	【文件名:\当代	文章标题:	作者:】	1	想办法			
39	302:...MID人工智能研究室完成的。W源自希腊文,原意为"思考'、"[想]法"或"符号，，、"文字，，，以便能使青少年利用它来熟悉计算机...	【文件名:\当代	文章标题:	作者:】	1	想法			开动脑筋、思索
97	1700:...说乡土社会是"无法无天"，或者说"无需规律"。的确有些人这样[想]过。返朴回真的老子觉得只要把社区的范围缩小，在鸡犬相闻而不相	【文件名:\当代	文章标题:	作者:】	1	想过			思考、思索
98	1701:在乡土社会里，一说起"讼师"，大家会联[想]到"挑拨是非"之类的恶行。作刀笔吏的在这种社会里是没有地位的。...	【文件名:\当代	文章标题:	作者:】	1	联想			想象
14	51:...故事，讲的是一位老人，在自家房下的地窖里藏了很多无价之宝，心[想]万一某天家道中落，子孙后代凭着这些财宝还能复兴祖业。许多年后	【文件名:\当代\口语\对话\传	文章标题:	作者:】	1	心想			开动脑筋、思索
15	52: 长乐先生：有时候我也在[想]，既然我们的生活条件越来越好，视野越来越广阔，所能运用的资源越...	【文件名:\当代\口语\对话\传	文章标题:	作者:】	1	在想			
21	101: 土地公[想][想]说："假如你们能拿到金碧峰的玉钵，他一挂念，就会出宝了。"小鬼	【文件名:\当代\口语\对话\传	文章标题:	作者:】	1	想想说			
26	124:...是一位虔诚的基督徒，哪里肯磕头拜佛呢？于是拔腿就跑。但是回头[想][想]，叔叔是他在台湾最亲的人，心里又十分懊悔，为了弄清佛教究竟	【文件名:\当代\口语\对话\传	文章标题:	作者:】	1	想想			

图0–2　语料标注示例

① 建立"想"的平衡语料库后，在语料库中设立"语料""来源""标题""作者""义项""复合词""专名""备注"八个栏目，对自建语料库中共10000条语料逐条进行手工标注。

义项栏的标注：义项标注以《现汉》(第 7 版）为蓝本。“想”在《现汉》中有 6 个义项，将其依次标注为“1”“2”“3”“4”“5”“6”。在标注过程中，根据语料，我们又归纳出了 2 个新义项，分别标注为“7”“8”；同时发现义项 1 可分立为 3 个子义项，分别标注为“1a”“1b”“1c”。

复合词栏的标注：语料库中的复合词标注于此，不重复标注，如“想法”“想方设法”“想法子”。

专名栏的标注：人名标为“1”，地名标为“2”，其他标为“3”，不重复标注，如“联想电脑”标为“3”。

无效语料：用符号“●”标注于“备注”栏中。

九、参考词典

我国外向型汉语词典脱胎于内向型语文词典已成为学界共识，认为其脱胎于《现汉》成为主流观点，因此，本研究以《现汉》(第 7 版）为基础，考察平衡语料库中呈现出的全部释义，以期为外向型汉语学习词典释义的优化提供参考。国内外有诸多外向型学习词典，它们对时间维度心理动词的释义各有所长，若能综合比较不同外向型汉语学习词典中时间维度心理动词的释义，则可达到取长补短的目的。

章宜华（1999）指出：“传统词典只注重揭示词的概念义，词目被视为语言的标本，词典的释义不与任何语境发生联系。学习词典则把词义描述为一组可能的意义特征，通过语词的用法规则说明语词潜在的语言或非语言环境，以最佳方式，从多角度、多层面来揭示词义。这样能使读者正确、得体地理解和使用被释义的词项。”《现学》《当学》《商学》是我国目前较有影响的外向型汉语学习词典，它们结合国外读者学习汉语的需要，吸收了其他语文工具书和语言学著作的精华，因此，我们选择以上 3 部词典为考察对象。

此外，词典学界公认英语词典的编纂走在世界前列。黄建华（1984）指出：“释义为全人类所共有，然而不同民族的思维方式呈现不同特点。要是有人对中外词典的释义做系统的对比研究，准会发现一些富有启发性的东西。”因此，我们拟比较汉英对应心理动词在汉、英外向型学习词典中的释义情况，取长补短，为汉语时间维度心理动词义项划分与描写提供参考。

本研究参考的外向型英语词典有《朗高》《牛高》《柯高》以及《麦克米伦高阶英语词典》(以下简称《麦高》)。但是，在进行汉英词典对比时应注意，并非所有的汉语时间维度心理动词均有与之完全对应的英语时间维度心理动词，如心理动词“想”并不能完全对应“think”,“想”的义项3“希望；打算”、义项4“怀念；想念”、义项5“回忆；回想”、义项6“记住”都不能与“think”对应。因此，我们以《汉英词典》(第3版）的翻译为准，在统计义项时统计汉语时间维度心理动词基本义对应的英语单词，在划分与描写义项时考虑每个义项的对应词。

其他说明：本研究语料主要来自CCL语料库，本研究所提取的复合词除了公认的复合词外，还包括固定短语与常用搭配（参见张敏，1998：357-358；顾阳、沈阳，2001；石定栩，2003）。

第一章
基于语料库的时间维度心理动词使用偏误研究

偏误是学习外语的人在使用外语进行交际时所使用的形式与所学外语的标准形式之间的各个层面上的差距（鲁健骥，1992）。本章基于 HSK 动态作文语料库与中山大学留学生汉字偏误语料库等语料库考察留学生使用本研究所选的 15 个时间维度心理动词时在语义、语法、语用方面的偏误情况，为这 15 个时间维度心理动词释义的优化提供依据。

第一节　思考类心理动词使用偏误分析

一、心理动词“想”的使用偏误分析

心理动词“想”在现代汉语中有多种含义，留学生在使用“想”这一动词时常常发生偏误。我们以 HSK 动态作文语料库为语料来源，考察了留学生“想”的使用偏误情况，发现留学生经常出现以下几种偏误。

（一）“想”的误加偏误

在 HSK 动态作文语料库中，学生使用“想”时出现的误加类偏误较多。用例如下：

（1）* 我想通过这封信想知道家里人的实际情况。

（2）* 明天就要上课了，我想一定要快点把作业写完。

（3）* 日子越过，我越想担忧。

（4）* 那谁愿意想吃有害健康的农作物呢？

（5）* 所以我想建议少男少女混合在一起上学。

例（1）中，前面一个“想”已经能表达“我”写信的用意，后面一个“想”是多余的，应该删除。例（2）中，“一定”表示具有坚定的决心，而“想”所表达的意愿相对较弱，且只停留在主观层面，两者连用使得语义矛盾。例（3）中，“越……越……”的搭配表示递进，这里加入心理动词“想”后造成了语义累赘。例（4）中，“愿意”一词已表达出主语的意愿，后面的“想”与“愿意”语义重复。例（5）中，“建议”和“想”语义重复。

（二）“想”的错序偏误

（6）* 我原本想没上大学，我想参加工作。

（7）* 有一天，我要想买香烟。

（8）* 平时跟妈妈想说的话，都打电话说了。

（9）* 饿啊饿啊，想石头也吃。

（10）* 我在贵公司想做推销员。

例（6）中“想”的语义为“打算”，接动词性宾语，副词“没”应该位于动词“想”之前。例（7）中“要”和“想”的语序错误。例（8）中“想”应该位于“跟”之前，“跟妈妈说”是“想”的宾语，“想跟妈妈说”这一动宾结构的动词性短语做“话”的定语。例（9）中的“石头也吃”不是主谓结构的小句，实际上是动宾结构的动词性短语“吃石头”，因此“想”应该用在动词“吃”前面。例（10）“想”应该位于介词“在”前面。

（三）“想”的误用偏误

留学生在学习“希望”“愿意”“想”三个词时，最先掌握“想”的含义及用法。留学生在需要使用“希望”和“愿意”两个词的语境下，常常使用“想”来替代。这是因为学习者采取了回避策略，导致“想”过度泛化。用例如下：

（11）* 一直没有睡着，他想天快些亮。

（12）* 我买了一份礼物送给他，感谢他昨天想陪我。

（13）* 我想他快回来。

“天快些亮”是完全不能被人控制的意愿，只是意愿主体发出的一个不考虑现实条件的心愿，而“想”通常用来表达微小、具体、可实现性较强的意愿，所以例（11）中的“想”应该改为“希望”。此外，“想”所表达的意愿具有

"主动性"，是意愿主体发自内心的需求，而例（12）中的"陪我"是表示付出与承担的意愿，是"他"为了满足"我"的请求或邀请而完成的事情，不应该用"想"，应该改为"愿意"。例（13）中学习者混淆了"想"与"希望"的词义，"想"应该改为"希望"。

二、心理动词"思"的使用偏误分析

"思"的使用偏误主要集中在其构成的复合词的使用上。我们以 HSK 动态作文语料库中东南亚留学生的偏误语料为语料来源，共检索出 165 条关于"思"的偏误语料，对语料进行整理后，最终确定了 32 条语料作为研究对象。

心理动词"思"的使用偏误情况可以归纳为三种类型：误用、误加、遗漏。我们对从 HSK 动态作文语料库中检索到的偏误语料进行统计分析，得到表 1–1。

表 1–1　留学生心理动词"思"的使用偏误类型统计

偏误类型	语料数量	所占比例
误用偏误	20	62.5%
误加偏误	8	25%
遗漏偏误	4	12.5%

（一）"思"的误用偏误

误用偏误是由于从两个或几个形式中选取了不适合特定语言环境的一个成分造成的。这两个或几个形式，可能是意义相同或相近，但用法不同；也可能只是形式上有某种共同之处（如字同），而意义和用法不同；还可能是用法相同，但意义相反。

"思"的本义是思考和考虑，引申出怀念、悲伤、意念、创作的构想等意思。《说文解字》中对"思"的解释是"容也"。作为心理动词，"思"一般表示考虑、怀念、悲伤、哀愁等含义。

（1）* 海风轻轻吹时爷爷说"这次旅游给我很多的意思"。

（2）* 今天心思很好。

例（1）是混淆了"意思"与"意义"而导致的偏误。例（2）则是混淆了

"心情"与"心思"而导致的偏误。

（二）"思"的误加偏误

一些语法形式在正常情况下可以或必须使用某个特定的成分，但当这些形式发生变化时，这个成分就不能再使用。在这种情况下，由于留学生对这些条件变化理解不足，经常会继续使用该成分，导致出现偏误。用例如下：

（3）*余仁邦继续写："虽然我是哑巴，我很想找一个朋友和我谈心思。"

（4）*终于我思考及格了。

例（3）中的"谈心"指跟其他人说心里话，倾心交谈，闲谈，互诉衷肠，但是这里误加了"思"，导致偏误。例（4）中的"考及格"是指考试通过了，并不是"思考及格"。"思考"的本义是思维的一种探索活动，不是指考试，留学生在"考及格"之前加上"思"，导致偏误。

（三）"思"的遗漏偏误

遗漏是指在词语或者句子中缺失了某个成分。心理动词的遗漏偏误是指汉语学习者在使用心理动词时将原本句子中需要用到的心理动词遗漏，而导致句子成分残缺和语句不通顺。用例如下：

（5）*我觉得汉语非常有意【 】。

（6）*我觉得武夷山很有意【 】。

（7）*那时候我觉得'女的意【 】'是女生，但不知道还有别的意思，她满脸不高兴的样子。

（8）*现在无法知道，我考完试就会查一查这句话的意【 】。

例（5）和例（6）中的"有意思"都是想表达趣味性，但是留学生只写了"有意"，遗漏了"思"，导致语句不通顺，没有表达出原本的句意。例（7）中的"意思"是指"意义、含义"，但是只写出了"意"，没有表达清楚。例（8）中的"意思"是指"意义、道理"，也是因为遗漏了"思"而没有表达清楚，产生了偏误。

三、心理动词"考虑"的使用偏误分析

"虑"的使用偏误主要集中在其构成的复合词"考虑"的使用上，因此，我

们考察了留学生对“考虑”的使用偏误情况，发现“考虑”在语料库中出现的偏误类型主要有误用、缺词、多词和错序四种。

（一）“考虑”的误用偏误

通过对语料库中的“考虑”和容易与其混淆的词分别进行统计，我们发现，“考虑”常与“想”混用，该类偏误有31条，占“考虑”误用偏误的39.2%。用例如下：

（1）* 我长大以后考虑过，那时候的他一定希望我当跟他一样的数学迷。

（2）* 但对父母来说，他们先想男子的家庭环境，然后想钱、学历等，因此父母与子女之间常常发生问题。

例（1）应该用“想”，却误用成了“考虑”，而例（2）应该用“考虑”，却误用成了“想”，均是留学生对“想”与“考虑”的语义理解不到位造成的偏误。

除此之外，“考虑”还存在一些出现频次相对较低的误用现象。用例如下：

（3）* 比如平时父母之间说话时，父母根本没什么考虑地在孩子面前说一些坏话或者脏话。

例（3）应该用“顾虑”，误用成了“考虑”，是留学生对“顾虑”与“考虑”的语义理解不当造成的偏误。

（二）“考虑”的缺词偏误

通过对语料库的考察，我们发现“考虑”的缺词偏误出现54例，占“考虑”偏误总数的31.4%，出现频次仅次于误用偏误。用例如下：

（4）* 我考虑【 】很长时间，决定跟老师、同学商量。

（5）* 人不应该优先【 】自己，大家都优先【 】自己的话，战争马上开始。

（6）* 子女站在父母的立场【 】，父母站在子女的立场【 】。

例（4）“考虑”后面缺结构助词“了”，例（5）“优先”后面缺“考虑”，例（6）“立场”后面缺“考虑”。

（三）“考虑”的多词偏误

通过考察语料库，我们发现“考虑”的多词偏误出现20例，占“考虑”偏误总数的 11.6%。用例如下：

（7）* 最近很多国家的人们已经不用考虑过“衣、食、住”的问题。

（8）* 我们别为考虑自己而考虑。

（9）* 中国政府应该要考虑这种情况的解决方法。

例（7）“考虑过”的“过”冗余。例（8）第一个“考虑”冗余。例（9）“要考虑”的“要”冗余。造成以上偏误的原因是学习者未掌握“考虑”的搭配规则。

（四）“考虑”的错序偏误

“考虑”的错序偏误较少。根据考察，“考虑”的错序偏误共 12 例，占“考虑”偏误总数的 7.0%。用例如下：

（10）* 现在我们吃得好，没吃的人不考虑。

（11）* 那么到底“绿色食品”考虑从世界的情况，利大于弊还是弊大于利？

（12）* 这个问题没让我多久考虑，因为对我影响最大的人当然只有一个，就是我妈。

例（10）的“不考虑”应位于“没吃的人”前面。例（11）的“考虑”应位于“从世界的情况”之后，而且“从世界的情况考虑”应提到句首。例（12）的“考虑”应位于“多久”之前。产生以上偏误的原因是留学生没有掌握“考虑”的用法。

第二节　回忆类心理动词使用偏误分析

一、心理动词“忘”的使用偏误分析

基于 HSK 动态作文语料库，我们分析了留学生在使用“忘”时的常见偏误，探讨了其产生的原因，并提出了相应的教学策略。我们发现留学生在使用“忘”时主要存在误用、语义理解偏差等问题。这些偏误的产生主要是受到母语负迁移和目的语规则掌握不足的影响。

我们从 HSK 动态作文语料库中共检索出 313 条关于“忘”的偏误语料，对语料进行整理后，最终确定了 30 条语料作为研究对象。我们运用鲁健骥的偏误分析“四分法”，将心理动词“忘”的偏误语料分为四类：遗漏、错序、误代、误加。30 条语料的偏误情况如表 1–2 所示。

表 1–2　留学生心理动词“忘”的使用偏误类型统计

偏误类型	语料数量	所占比例
遗漏偏误	14	47%
错序偏误	3	10%
误代偏误	9	30%
误加偏误	4	13%

(一)“忘”的遗漏偏误

（1）* 千万别忘【 】自己的身份，尤其是青少年。

（2）* 请你们别忘【 】“世界上没有不可能克服的事”。

例（1）、例（2）的偏误是因为学习者还未掌握“忘”搭配动态助词“了”的用法。在以上用例中，“忘”后面遗漏了动态助词“了”。

(二)“忘”的错序偏误

（3）* 好像身体是来了中国，“心”忘了在日本。

（4）* 肯定忘了在家，请你们把那本书赶紧寄给我，因为已经超期了。

（5）* 这个故事里面有人们自己的本身忘了。

例（3）、例（4）中的“忘了在”应为“忘在了”，例（5）中的“忘了”应位于“人们”后面。例（3）、例（4）、例（5）都是留学生未掌握“忘”的搭配规则而产生的错序偏误。

(三)“忘”的误代偏误

（6）* 为了解决噪声问题，我们不要忘的是，把噪声其自体减少。

（7）* 我一辈子也不能忘他对工作的态度。

例（6）、例（7）是因为“忘”与“忘记”语义混淆而产生的偏误。

（四）“忘”的误加偏误

（8）*你不能忘它的味道它又香又浓重，很好吃。

例（8）“忘”字被误加，原意可能想表达“你不能忘记它的味道，它又香又浓重，很好吃”，但“忘”与“味道”搭配不当，造成了误加偏误。

二、心理动词“忆”的使用偏误分析

我们从 HSK 动态作文语料库中共检索出 48 条关于“忆”的偏误语料，其中有 38 条语料的偏误是由偶然的笔误造成的，因此不作为研究对象。我们把剩下的 10 条语料作为研究对象。

我们发现心理动词“忆”的使用偏误主要为误用、误加两类。我们对 HSK 动态作文语料库中的语料进行了统计分析，相关数据见表 1–3。

表 1–3　留学生心理动词“忆”的使用偏误类型统计

偏误类型	语料数量	所占比例
误加	2	20%
误用	8	80%

从表 1–3 可以看出，留学生在使用心理动词“忆”时，因为误用造成的偏误占比高。

（一）“忆”的误用偏误

（1）*我的记忆中有一个很难忆的人。

（2）*拉车夫的行动无忆中清醒了属于知识分子的坐在车上的人。

（3）*换句话说，走向全球化不仅是一种失去真正传统文化的做法而忆。

（4）*不仅是学西方经济而忆。

（5）*她到一楼的时候，他忆经在一楼的电梯前面等她。

（6）*我忆经看不清楚外面的路了。

例（1）是因为“忘”与“忆”语义混淆而产生的偏误。例（2）是因为“忆”与“意”发音相同而产生的偏误。例（3）到例（6）均是因为“已”与“忆”字形相似、读音相近而产生的偏误。

(二)“忆”的误加偏误

(7)*他都记忆下他妈妈做菜的味道了。

例(7)误加了“忆”，是因为“记”与“记忆”语义混淆而造成的偏误。

三、心理动词“念”的使用偏误分析

我们从HSK动态作文语料库中共检索出105条关于心理动词“念”的偏误语料，然后根据偏误理论对语料进行了归类，将“念”的偏误分为误用、遗漏和误加三类。其中，发生频率最高的偏误类型是误用，其次是遗漏。

(一)“念”的误用偏误

(1)*现在的流行歌曲有各式各样的，失念、单恋等等。

(2)*父母担心自己的子女因为谈念爱，忽略了功课和成绩，所以把他们送进单性学校，以避免他们会产生什么“杂念”。

(3)*中国开始有“同性念”的现象了。

(4)*韩国是春天了吧，我好想我国的春天的天气，但是，你们应该注意别感冒。

(5)*我很想深夜里拉着您的手走路的时候……您知道吗……我和妈妈吵架时你偷偷进我的房间，给我零用钱。

来华留学生对心理动词“念”的误用偏误较为常见。例(1)、例(2)、例(3)均为读音相近字误用，混淆了“念”与“恋”。例(4)、例(5)都混淆了“想”与“想念”，句中的“想”应改为“想念”。

(二)“念”的遗漏偏误

汉语具有丰富的表达形式，常常通过并列或递进来表达更加强烈的情感，在这个过程中如果遗漏了某些内容，就会导致偏误的产生。以下用例中留学生遗漏了心理动词“想念”，导致意思表达不够完整。

(6)*我这阵子特别想念妈妈的温柔，【 】那个动人的笑容。

(7)*我在中国的时候，常常想念她，特别是【 】跟她一起度过的好日子。

两个句子都遗漏了“想念”一词，原因是留学生没有完全掌握“想念”的用法。

（三）"念"的误加偏误

心理动词的误加是指一个句子已经可以完整表达说话人的意思了，但是二语学习者因为担心意义表达不完整或情感不够而又添加了心理动词。如果去掉添加的心理动词，剩下的即为正确的句子。用例如下：

（8）* 所以一直到现在，我非常喜欢自然环境，很**想念**回到那原野里。

（9）* 听说，去年我在外国工作时，妈妈每天担心我，有时**想念**我想得流泪啊。

（10）* 因此，他上了大学以后，**断念**了成为一个大学篮球运动员的念头。

三个用例都额外增加了心理动词"念"。这是由于学习者混淆了心理动词"念""想念""想""断念""断"的语义造成的。在这种情况下，需要去掉多余的心理动词"念"，以使句子更加简洁、准确。

第三节　希望类心理动词使用偏误分析

句法上，"欲"常见于正式文体中，表示"想要、希望"，也可表示"喜爱"，常用于古代汉语或者成语中。比如：

（1）己所不**欲**，勿施于人。

（2）**欲**辨已忘言。无客问生死，有竹报平安。

（3）天下之**欲**疾其君者，皆**欲**赴诉于王。

语义上，作为能愿动词的"希望""欲""想要"停留在主观愿望层次，一般情况下三者可以互换。比如：

（4）我**欲**成为勇敢的人。

此处的"欲"单纯地表示一种意愿，可以用"想要"或"希望"替换。不过，三者之间还存在着一些区别。高亮（2017）认为三者所表达的意愿等级为"欲 > 希望 > 想要"，且愿望层次越低，达成的概率就越小。鲁晓雁（2008）认为，"希望"关注的只是意愿本身，而不是它可能达成的事情。郭晓麟（2010）提出，"希望"的语义特点包括［ + 积极性］、［ − 承担性］和［ − 可控性］。罗婷婷（2019）认为，"想"的意愿有［ + 主动自发性］、［ − 承担性］和［ + 明确性］的特点。概括起来，“希望”更偏向于主观愿望，“愿望”则偏向于愿望主体的主观态度。在简单表达意愿的情况下，用“希望”来表达。

一、心理动词“欲”的使用偏误分析

我们从 HSK 动态作文语料库中搜集了日本留学生关于心理动词“欲”的使用偏误语料，共搜集到 117 条有效语料。我们根据偏误理论对语料进行了分类，将“欲”的偏误分为遗漏、误用和误加三类。

（一）“欲”的遗漏偏误

遗漏偏误是指在句中应该使用“欲”却没有使用而造成的偏误。心理动词是表达一个人对事物、事件或人的态度或感情的词语。如果学生尚未掌握或掌握得不佳，就会产生遗漏的现象。本研究搜集到的“欲”的遗漏偏误语料一共有 15 条，占比为 12.82%。用例如下：

（5）* 只得以满足子女的物质【 】作为弥补。

例（5）中“满足物质”搭配不当，“物质”后面缺少中心语，可补充上“欲”。

（二）“欲”的误用偏误

误用偏误是指在句中应该使用“欲”却使用了别的心理动词或者其他词类的词，反之亦然。本研究搜集到的误用偏误语料一共有 61 条，占总偏误语料的 52.14%。用例如下：

（6）* 以长者而言，不论是父母还是师长都应以新时代的观念与欲好，跟晚辈取得融洽。

（7）* 尤其是我们欲空手打天下。

（8）* 本人对于贵公司所聘请的导游一职，甚感兴趣，欲写信致贵公司申请导游的职位。

例（6）中的“欲”应改为“爱”，例（7）中的“欲”应改为“要”，例（8）中的“欲”应改为“故”。产生以上偏误的原因是留学生没有真正掌握“欲”的语法、语义、语用，因而与近义词或相关词产生了混淆。

（三）“欲”的误加偏误

误加是学生在句子不需要心理动词的状况下还继续使用造成的（董书晓，2017）。本研究搜集到的误加偏误语料一共有41条，占总偏误语料的35.04%，仅次于误用偏误。用例如下：

（9）* 特此欲想申请导游一职。

例（9）中的“欲”冗余，偏误原因是留学生没有真正掌握“欲”的用法。

二、心理动词“希望”的使用偏误分析

由于未检索到“希”与“望”的偏误语料，我们以“希望”为例，考察其偏误情况。心理动词“希望”的偏误主要表现为以下两种类型。

（一）“希望”的替代偏误

“希望”在日常语言中被视为一种心理上的预期或期待，具有一定的能动意味，所以留学生容易将其与能愿动词混淆。用例如下：

（1）* 你们愿意我当老师。

（2）* 我衷心愿意你们一生健康无病。

（3）* 可是我愿意您保重身体！

例（1）将“希望”替换成了“愿意”，这是学习者混淆了能愿动词和心理动词造成的偏误。本句中“愿意”想表达的是心里期待某种情况或某种结果出现，并没有汉语“愿意”词义中包含的“同意”的意思，此处出现偏误可能是因为学习者没有弄清“希望”和“愿意”两个词的语义侧重点的不同。例（2）和例（3）都属于这类偏误。

以上是用能愿动词“愿意”替代了心理动词“希望”而产生的偏误，除此之外，作为名词的“愿望”也会被作为名词的“希望”替代而产生偏误。用例如下：

（4）* 我要把我的希望实现。

（5）* 母亲的希望是我度过幸福的日子。

例（4）、例（5）都是在表达心里想要某种情况出现，汉语中“希望”和“愿望”在语义上的区别在于，“希望”侧重于想要实现某种想法的这种心情，

而“愿望”则侧重于这个想法或者意愿本身。而在韩语中表达意愿时，相比于“바라다”，词根“希望（희망）”的动词形式“희망하다（希望하다）”使用频率并不高，在多数情况下“希望（희망）”用作名词，与韩语“愿望（소원 ）”同义，因此母语为韩语者在这两个词上容易出现偏误。

“希望”的第三类常见替代偏误是与心理动词“想”混淆造成的替代偏误。从偏误的数量来看，“希望”与“想”的替代偏误是偏误类型中最多的。其中，把“希望”错用成“想”的偏误最多。用例如下：

（6）* 从现在开始我要努力学习，想能有让你们快乐的机会。

（7）* 一直到半夜都没睡着，他想天快些亮。

（8）* 想你每一天都可以笑得很漂亮。

例（6）到例（8）把“希望”错用成了“想”，造成偏误的原因是“想”有一个义项是“希望；打算”，学习者就把这两个词等同起来了。但“想”的这个义项的搭配是接动词或动词短语，不能接小句，与“希望”的搭配不一样。

根据考察，把“想”错用成“希望”的偏误也有一些。用例如下：

（9）* 我汉语不好，希望让他说慢一点。

（10）* 我希望让爸爸轻松点。

例（9）、例（10）把“想”错用成了“希望”，造成偏误的原因是混淆了“希望”与“想”的语义。

总之，以上偏误都是因为学习者不清楚目的语中意思相近的词语之间的区别而产生的，这可能与教材解释不明、词典释义不当、教师讲解不透有关。

（二）“希望”的误用偏误

心理动词“希望”后面跟非名词性宾语，学习者如果未掌握“希望”的这一用法，往往会在“希望”后直接加上名词性宾语，从而造成偏误。用例如下：

（11）* 希望【 】您的支持！

（12）* 真是对不起，我会寄一些礼物，希望【 】爸爸的谅解。

例（11）、例（12）都是在“希望”后面加名词性成分而产生的偏误。例（11）中原句是说话人想要得到听话人的支持，例（12）中原句是说话人想要得到爸爸的谅解，“希望”的后面都应该补充动词“得到”。母语为韩语者学习汉

语时经常出现类似的偏误，可能是因为韩语中的희망 하다（希望하다）是可以连接名词性宾语的，学习者在使用时受母语负迁移的影响而出现偏误。

第四节　了解类心理动词使用偏误分析

随着汉语在世界范围内的传播，身处东亚文化圈的韩国有越来越多的学习者选择学习汉语。但由于受母语及教材等因素的影响，韩国留学生在学习汉语的过程中经常产生偏误。了解类心理动词是对事实或事物等表示认知的一类心理动词（金云烈，2020），而这类心理动词对韩国留学生来说是一大学习难点，韩国留学生在学习这类动词时，很容易受到母语的影响而出现偏误。韩语中也有知道类心理动词，其中最常使用的包括“알다”和“이해하다”，分别可以对应汉语中的“知道”和“理解”，但是如果不分语境场合就直接套用或替换成汉语中的了解类心理动词，很容易产生偏误。

本节基于 HSK 动态作文语料库，从韩国学习者的角度出发，分析其在使用了解类心理动词时产生的偏误，并对这些偏误进行整理和归类，分析偏误的成因，为词典及教材释义的优化提供参考。

一、心理动词“知”的使用偏误分析

本节分析的偏误语料皆来源于 HSK 动态作文语料库，我们分别在“字汇总”“词汇总”板块搜索“知”和“知道”，共获得 339 条偏误语料，又选取国别为韩国的二语学习者，从中筛选出 49 条偏误语料进行分析。

通过分析这些语料，我们发现，韩国学习者使用“知”和“知道”时常常出现错序、误加、误用类偏误。主要偏误情况如表 1–4 所示：

表 1–4　韩国学习者“知”与“知道”的使用偏误语料统计

偏误类型	知	知道
错序	0	3
误加	2	7

续表

偏误类型		知	知道
误用	错字	2	1
	别字	11	0
	词汇误用	0	23

(一)“知”的误加偏误

误加偏误是指句中不该用“知”时多加了“知”。这类偏误共2条，占比为13.3%。用例如下：

（1）* 我们的房间是很干净知早饭很好吃，最重要的是很便宜。

（2）* 我朋友知不知道我的心情，我朋友让那位老婆婆坐在他的座位上。

例（1）中，“知”多余，删去后语义也很完整。例（2）中，留学生没有掌握“V不V”这一句式，导致赘余。

(二)“知”的误用偏误

这类偏误共13条，占比为86.7%。用例如下：

（3）* 我知姐姐越来越长大，现在没有那么多的旅行。

（4）* 在知期间，恐怕我努力学习，我确信，我的汉语能力能提高。

（5）* 在封建统知阶级统治下，不能看清事实。

例（3）到例（5）为别字偏误。在所选“知”的别字偏误中，存在大量的“知”与“和”的误代。首先，汉字“知”与“和”都有“口”这一部件，且同为左右结构，字形上相近，韩国留学生易混淆；其次，“知”与“和”在韩语中分别对应“지”与“및”，它们有同一个母音“ㅣ”，在发音上相近，韩国学生容易受到母语的影响而产生偏误。例（5）的偏误是“知”与别字“治”读音相似而导致的。

(三)“知道”的错序偏误

这类偏误占比为8.8%。用例如下：

（6）* 因为我们不【 】这里的地理不知道。

（7）* 不过我【 】你肯定知道是好人。

例（6）的“知道”应位于“我们不”的后面，同时后面一个“不”多余。例（7）的“知道”应位于“我”的后面。这两个用例都是因为语序错乱导致的偏误。

（四）“知道”的误加偏误

（8）* 可是最近不知道我的意志松懈了，开始睡懒觉了。

（9）* 不知道在韩国学习中文的时候，嗯没有机会和中国人聊天儿，所以我的口语很差。

根据所筛选的语料可知，韩国留学生经常同时误加“不”和“知道”，“不知道”常作为短语一同出现，学生将其作为语块储存在了记忆中，但对其用法掌握得不牢。

（五）“知道”的误用偏误

此类偏误占比为 70.6%，其中错字占 2.9%，词汇误用占 67.7%。

错字用例只有 1 处：

（10）* 因为姑母是音乐老师，所以在音乐方面给了我很多的【知道】，而我也对音乐产生了浓厚的兴趣。

例（10）中的“知道”与“指导”读音相近，导致留学生混淆。

“知道”的词汇误用用例如下：

（11）* 我的同室也喜欢我的变化，很怪跟同室一起吃饭，聊聊我们的关系不知道不觉好点儿了。

（12）* 那时候是我太小，不知道她说的话意味着什么。

（13）* 他是在第一次见面的时候不知道他的魅力的人，但是越来越知道他的魅力。

（14）* 他知道我的朋友，我的朋友都喜欢他。

例（11）说明留学生没有分清单音节词“知”和双音节词“知道”，且没能准确掌握“不知不觉”这一成语。例（12）、例（13）、例（14）中的“知道”应分别改为“明白”“了解”“认识”。“知道”“明白”“了解”“认识”同属于认知心理动词，由于语义的泛化，韩国留学生常常将“知道”“认识”“明白”等理解为韩语动词“알다（知道）”。韩语知道类动词“알다”可以表示对事实、事物、

人的认知，所以，如果句子中认知的对象是这些内容的话，韩国留学生就会使用“知道”来直接对应其他的多个知道类动词，如“认识”“明白”“了解”等。这就需要我们加强近义词辨析，优化教学资源，如词典、教材等。

二、心理动词“觉”的使用偏误分析

有学者研究表明，汉族先民认知的基本层次范畴中缺乏内隐心理动词概念。如果要表现该类心理动词，必须借助描绘外显的感知世界行为转指由此行为带来的内隐行为感受，固化为字形。周光庆（2005）提出，“觉”的原初词义可解释为“由于在教学活动中有所领悟和发现而生成的觉悟”。从语素“觉”和另一语素“悟”构成的双音节词的词性来看，“觉”既可以构成名词也可以构成动词和形容词。根据《现汉》(第7版)，“觉”的义项有：①名（人或动物的器官）对刺激的感受和辨别；感觉。②觉得；感到。③〈书〉睡醒。④觉悟。⑤名姓。⑥名睡眠。由“觉”的以上语义范畴可知：义项④是原初概念在新时代的再现，陈述思维意识由迷惑不解到清晰明了的心理行为；义项①是名词，指称人或动物不同的感觉器官对刺激产生的不同的生理感受和辨别；义项②指人综合外界刺激产生主观感受或看法的心理行为；义项③指大脑思维意识由不清醒到清醒的生理行为；义项⑤指姓，不在本研究讨论范围之内；义项⑥指称大脑思维意识受到抑制、不清醒的状态。由上可知，“觉”词族的动词语义范畴包含五个方面：一是与“觉”后心理思维行为相关，如悟觉；二是与“觉”时伴随动作行为相关，如觉察、察觉、发觉、惊觉、感觉；三是与“觉”后结果相关，如觉得；四是与“觉”的程度相关，如倍觉；五是与“睡醒”状态相关，如觉醒。我们通过分析词典对单音节语素“觉”的释义可以看出，随着语义和句法功能的变化，“觉”在句中的独立性逐渐减弱，演变到现代汉语时，成为一个不成词语素。

“觉”常常与“得”搭配组成复合词“觉得”。我们检索了HSK动态作文语料库中越南留学生关于心理动词“觉得”的语料，分析越南留学生使用心理动词“觉得”时产生的偏误情况，并将他们的偏误分为遗漏、误代、误加三种类型，进而结合语料分析各类型的特点。

“觉得”有两个意义：“觉得①”的释义是“产生某种感觉”，“觉得②”的释义是“认为（语气不肯定）”。郭笑（2014）对“觉得”的两个义项进行统计分析，主要是关于其使用情况，发现“觉得②”在语料库中占比较高，其使用比例远大于“觉得①”。有研究表明，“觉得”的词义分布非常密集，通常表示对某些事件、事理、现象的综合推理认知，这种认知是经过人的分析、综合、判断、推理等思维活动过程而得出的。

“感觉”和“觉得”均属于“觉”词族的动词语义范畴，在现代汉语中使用频率较高。“感觉”是动词性语素“感”和“觉”构成的动词，“觉得”是动词性语素“觉”与结构助词“得”构成的动词，二者语义具有相似性，都可表示人对事物所产生的某种心理感受或感官体验，因此在很多语境中都可相互替换。这两个词在语义和句法功能上有许多相似之处。用例如下：

（1）他这次出国很兴奋，**感觉**新中国在国际上地位很高，重大的事情，各国都尊重中国的意见。（周而复《上海的早晨》）

（2）我舅舅垂手站了一会儿，**觉得**有点累，就把手扣在脑后，用力往后仰头。（王小波《未来世界》）

例（1）、例（2）中的“感觉”和“觉得”语义相近，因此可以互相替换；但是，这两个词语之间也存在着差异，在部分语境中不可替换。如：

（3）可是，他已经**感觉**到有几个女售货员都好像挺感兴趣地打量着他，而且窃窃私语。（谌容《梦中的河》）

（4）我作为外地医务工作者，**觉得**这种医疗协作联合体的做法，值得全国大中城市的初级医疗单位借鉴，各级领导也应给予支持。（《文汇报》1997 年）

上面两个例句中的“感觉”和“觉得”不能互换。与上述“觉得”的释义同理，“感觉”有三个意思。“感觉①”的释义是“客观事物的个别特性在人脑中引起的直接反映”，值得注意的是，《现汉》（第 7 版）中，“感觉②”和“感觉③”的释义分别与“觉得①”和“觉得②”的释义相同。由此看来，“觉得”与“感觉”在语义方面既有相似之处，又有不同之处。

综上，“感觉”和“觉得”是一组近义词，分析比较“感觉”和“觉得”的语义，能够加深我们对语素“觉”构词能力的认识，有助于我们理解“觉得”的独特性，从而在国际中文教学中增强其应用性。

由于“觉”常常与“得”结合使用，因此，我们可以通过考察“觉”的复合词“觉得”的偏误情况来分析“觉”的偏误情况。

下面，我们考察越南留学生对“觉得”的使用偏误情况。

《汉语水平词汇与汉字等级大纲》甲级词中有 25 个心理动词，其中认知类心理动词一共有 18 个，“觉得”是其中比较重要的一个。“觉”在 CCL 语料库中排第 546 位，是常用词，越南留学生在使用中容易出现偏误。

我们从中山大学留学生汉字偏误语料库中越南留学生的语料中共检索出 217 条关于“觉得”的语料，对语料进行整理后，最终确定了 11 条语料作为研究对象。我们对认知心理动词“觉得”的偏误语料进行了分类和统计分析，结果如表 1–5 所示。

表 1–5　越南留学生认知心理动词“觉得”的使用偏误类型统计

偏误类型	语料数量	所占比例
遗漏偏误	2	18.2%
错序偏误	1	9.1%
误代偏误	6	54.5%
误加偏误	2	18.2%

由表 1–5 可见，越南留学生使用认知心理动词“觉得”时产生的偏误中，误代偏误的比例最大，遗漏偏误和误加偏误次之，错序偏误最少。

语料库中关于“觉”的偏误语料鲜见，其常常与“得”结合起来使用，因此，我们考察“觉”的复合词“觉得”的偏误情况。

（一）“觉”的遗漏偏误

遗漏偏误可以按照“觉得”的语义分为两种类型。第一种类型是表示“觉得①”义的遗漏偏误。用例如下：

（5）* 我【 】奇怪，对汉语越来越感兴趣，想继续学习。

“觉得”在语境中可以用来表示某人对某事产生感觉，例如“我觉得很骄傲和自豪”。例（5）是说对学习汉语产生感觉，表示自我认知，因此要加上认知心理动词“觉得”。

第二种类型是表示“觉得②”义的遗漏偏误。用例如下：

（6）* 我【 】自己完全可以胜任这一职位。

"觉得"最常用的语用义是认为（语气不肯定）。例（6）是说话人对自己能力的感想，表达的是一种不确定的可能，属于自我心理认知的范围，应该加上认知心理动词"觉得"。该句遗漏了充当谓语的心理动词，说明留学生对"觉得"的句法特点掌握得不牢固。

（二）"觉"的错序偏误

（7）* 这件事情让人又觉得搞笑又有用。

"又 A 又 B"表示两个以上动作、行为同时进行或发生，其中，A、B 并列，在词性、结构方面应该保持一致。例（7）中 B 是"有用"，是一个动宾结构；那么 A 也应该如此，"搞笑"就是动宾结构，所以只需说"又搞笑又有用"即可，因此"觉得"应该放在第一个"又"的前面。这是因为留学生对汉语语法知识了解不足而引起的偏误。

（三）"觉"的误代偏误

"感到""感觉"和"觉得"有相似的义项，都可以表示某种具有可获知性的感受，并且在一些语境中可以互换，这三个词的词形也较为相似，所以留学生在使用中常常会出现误代偏误。但是"感到""感觉"和"觉得"各有其不同的语义倾向："感到"主要表达人的"情绪感知"；"感觉"有名词和动词两个词性，这是其显著区别于"感到"和"觉得"的特点，并且其做动词时侧重"感官感受"；而"觉得"则侧重于表达"主观认知"。留学生习得"感到""感觉"和"觉得"时产生的误代偏误用例如下：

（8）* 一到了洼艇我就觉得洼艇的天气很凉快，空气很好。

（9）* 刚才表演的时候，我觉得既紧张又害怕。

（10）* 他是个警察，父亲为他的工作觉得非常骄傲。

（11）* 这些产品让客户穿上运动时觉得不舒服，对老人有点儿危险。

（12）* 我只想有机会告诉他我心里觉得，让他安慰我。

例（8）、例（11）、例（12）中的"觉得"应为"感觉"，例（9）、例（10）中的"觉得"应为"感到"。越南留学生不能准确区分三个词语在语义上的差异，因此导致了误代偏误。

（四）“觉”的误加偏误

（13）＊爸爸今年已经六十八岁了，我也觉得担心爸爸的年纪大了，可是我还没结婚，而且还没有工作。

（14）＊我认为还是吃“绿色食品”好一点儿，觉得在人们的生活中不挨饿是不可能的。

这些误加的偏误，多数与句中的其他词语在语义或句法上有重合现象。

通过分析留学生使用时间维度心理动词“想”“思”“考虑”“忘”“忆”“念”“欲”“希望”“知”“知道”“觉”的偏误情况，我们发现留学生时间维度心理动词的偏误可以分为遗漏、误代、误加、错序四种类型，留学生出现多种类型偏误的原因有学习者的母语负迁移、学习者采取回避策略、汉语词典或教材释义模糊等。

第二章

基于语料库的思考类心理动词义项划分及描写

已有研究多从词义内部，即从词义本身的角度研究词义的性质、构成、发展等，这类研究具有个别性、随意性、非公理性的特点，研究成果多是推测性质的，经不起语言材料的检验。例如“想”在《现汉》(第7版）中有6个义项：动①开动脑筋；思索。②推测；认为。③希望；打算。④怀念；想念。⑤回忆；回想。⑥记住。我们很难用已有理论解释清楚这6个义项的形成原因，必须另辟蹊径。

鉴于此，本章以时间场景与论元结构理论为指导，从词义外部因素，即从句法层面研究思考类单音节多义心理动词“想”“思”“虑”的义项成因。这种研究具有普遍性、系统性、客观性、公理性的特点，丰富了探究多义词义项成因的研究视角，值得推广。近年来，顾阳（1994)、袁毓林（2013)、章宜华（2015)、李仕春（2021）等学者开始运用论元结构理论研究动词的义项分布情况，取得了可喜的成果。但论元结构理论有其自身缺陷，并不能完全解释清楚“想”“思”“虑”等心理动词义项的形成原因。要想把心理动词义项之间的区别与联系解释充分，必须考虑其宾语的时间性，同时运用论元结构理论。本章拟分析心理动词“想”“思”“虑”的时间性特征，从整体上把它们的义项分为表现在时、表过去时和表将来时三类，再结合论元结构理论分析每类义项的成因。

第一节　心理动词“想”的义项划分及描写

语料库技术已被广泛应用于语言学研究中，然而，基于语料库技术的词典编纂研究成果鲜见。心理动词“想”的研究已受到学界关注，主要集中在构式、句法语义及话语标记领域，然而词典学领域运用语料库技术及基于论元结构理论与场景理论研究“想”的释义成果鲜见。“想”在《现代汉语频率词典》中的使用度级次为81，频率级次为84，频率为0.1384，在CCL语料库中排第194位，是常用词，值得研究。

框架语义学理论包括场景理论和论元结构理论，根据框架语义学理论，理解一个词需要以理解该词的论元结构所构建的场景为前提。因此“想”的释义可分两步走：首先建立“想”的场景，然后通过分析它的论元结构来划分和描写其义项。

一、“想”的平衡语料库的建立及标注

“想”在CCL语料库中共有467178条语料。我们下载了“想”的总语料并将其导入Excel表中建立“想”的总语料库，然后按照比例从中抽取10000条语料，建立了“想”的平衡语料库①。语料抽样统计及标注情况见绪论。

二、时间性在“想”的场景划分中的作用

“精神活动可以在时间中定位，但不能在空间中定位”（李英姿，1995）。“想”是一个表示精神活动的词，应该根据其时间性特征划分场景。动词时间性是“由内在时间性和外在时间性两方面构成的完整系统”（祁庆倩，2011），“表示内部时间的表达式内嵌在事件表达式中；表示外部时间的表达式不能内嵌在事件表达式中，只能位于句子的‘外层’，或者说，在更高的句法位置上”（陈振宇，2006）。“想”在现代汉语中的义项与其外在时间结构产生的场景和内在时间结构产生的场景均存在密切关系。

（一）外在时间性在“想”的场景划分中的作用

“想”的外在时间性表现为“想”能够表现出一个时间流逝的过程，即分过去、现在、未来三个时间段，这相当于吕叔湘（2017）所说的“基点时”“基点前”“基点后”。根据“想”的外在时间性，“想”的场景可以分为表过去的时间场景、表现在的时间场景和表未来的时间场景，“想”在不同的时间场景中会产生不同的义项。

① 在自建语料库中，无效语料为36条，约占0.4%。

（二）内在时间性在“想”的场景划分中的作用

“想”的一些义项与其外在时间结构无关，但又有先后发生的逻辑关系，体现一个完整的认知过程，这类义项只能从其宾语的内在时间性进行解释。

三、基于时间场景与论元结构的“想”的义项划分及描写

论元是构成场景的主要单位，它是带有论旨角色的名词短语。论旨角色是由谓词根据其与相关的名词或名词短语之间的语义关系而指派给这些名词或名词短语的语义角色，若干个角色就构成了论元结构（袁毓林，2002）。动词的意义会随着论元结构及其搭配对象的变化而增加，产生动词多义现象（Fillmore，1968）。动词的使用频率越高，所能产生的义项就越多（房青，2011）。“想”是一个高频词，能带的论元数量较多，因此其义项也就比较多。根据“想”所带论元的情况，结合“想”所带宾语的时间性特征，我们得出“想”在现代汉语中的义项分布情况如下。

（一）基于宾语现在时间场景的“想”的义项分布情况

“想”的宾语的现在时间场景就是“想”实际发生时的场景，其过去时间场景和将来时间场景都是以现在时间场景为基点推算出来的，如果没有“现在”，“过去”和“将来”就没有存在的基础了。“想”的宾语的现在时间场景可描写如下：先是人通过眼、耳、口、鼻、舌等感觉器官从外部环境获得信息，接着开动脑筋思考问题，继而产生一系列心理活动，这些心理活动正好构成一个完整的认知过程。一个完整的认知过程主要包括四个步骤：第一步，人通过感觉器官感触外部事物，展开思考；第二步，通过思考认清事物；第三步，在认清事物的基础上理解事物；第四步，理解事物后对其做出主观定性或客观判断（李仕春，2020）。这一认知过程没有明显的外在时间顺序，但逻辑上蕴含着先后认知顺序，这便是“想”的宾语的内在时间性的表现。根据这种内在时间顺序，“想”的义项可以做如下划分：

1. 动开动脑筋思考问题。

认知过程的第一步：“想”的客体论元为办法、法子、点子、主意、问题、方法、计谋等抽象信息，这时“想”就有“开动脑筋思考问题”的意思，这相

当于《现汉》中已有义项①。“开动脑筋思考问题”会产生三种结果：

第一种结果：根据某种观点或事实解决问题。这相当于《朗高》中“think”的义项②“to use your mind to decide about something, form an opinion, imagine something etc.”，侧重指以行动解决所“想”的问题。该义项在自建平衡语料库中共有1570条语料，占比为15.7%，如“想出新点子”“想法子”“想方设法”“想办法”“想问题”“想个计谋”。用例如下：

（1）机器厂里面的马达在飞快地转，机械也在飞快地转，工人正竭力［想］办法使生产品增加。过去敌人统治时，他们［想］尽办法偷懒、欺骗敌人。（现代\文学\1946 草明 龙烟的三月）

（2）也要对他们进行考核，要讲责任制，迫使大家［想］问题。（当代\应用文\议论文\1983 邓小平 邓小平文选2）

第二种结果：在头脑中形成某种不想让人知道的观点。这相当于《朗高》中“think”的义项③“to have words or ideas in your mind without telling them to anyone”，单纯指不作声、不行动的心想。该义项在自建平衡语料库中共有1044条语料，占比为10.44%，如“心想”“默想”“苦思冥想”“暗想”“想象”等。用例如下：

（3）王青心［想］为工厂做了那么多贡献，现在一家4口挤在一间9平方多米的小屋，这次分房本该能轮到她，可是分房方案里并没有她的名字。（当代\报刊\作家文摘\1996年1—6月《作家文摘》）

（4）谭丽莞尔一笑，又隐入苦思冥［想］。（当代\文学\大陆作家\王朔 玩儿的就是心跳）

第三种结果：当“想”的客体论元为某些需要特别记住的事情时，“想”的意义相当于《现汉》中已有义项⑥“记住”。该义项在自建平衡语料库中共有12条语料，占比为0.12%，如“想着还钱”“想着办事”“想着给妈妈写信”。然而《现汉》对该义项采取了以词释词的释义方式，这种释义简而不明，没有将“记住”的对象说清楚，“记住”一词本身也难以体现“想”的认知过程。参考《现汉》对“记”义项的描述“把印象保持在脑子里”和《牛高》中“remember”对应的释义“to keep an important fact in your mind”，可以将“记住”替换成“把……怎么样”的形式，故将原义项修改为“把事情记在心里”。用例如下：

（5）我在基层搞了几十年农业技术推广，做梦都［想］着推广的良种能创下高产，农民得了益，自己心里就舒坦了。（当代\报刊\新华社\新华社 2001 年 6 月新闻报道）

（6）那会儿号召呢所有少数民族啊，恢复姓氏，在那时候儿呀，我们就［想］着就再把那个查哈拉那个姓儿啊，恢复过来，恢复过来呢。（当代\口语\1982 童静娴 _ 马增志等 1982 年北京话调查资料）

《牛高》《柯高》《朗高》等英语词典均根据“think”所造成的结果对义项做了细分。然而，《现汉》《商学》《现学》《现代汉语规范词典》（以下简称《现规》）等汉语词典都没有根据“开动脑筋思考问题”所造成的结果分立义项。我们根据“开动脑筋思考问题”所造成的四种结果分立了三个子义项。

2. 名想法：开动脑筋思索的结果。

认知语言学认为词类转移现象是在转喻机制驱动下形成的。朱德熙（1983）指出，“转指的意义跟谓词所蕴含的对象相关”，并从句法平面角度把转指分成转指施事、转指受事、转指与事和转指工具等几类。姚振武（1996）赞同朱德熙关于转指类型的划分，并且认为“在 S 关系（指施事—动作—受事这种典型的语义关系）的范围内，动词及动宾结构可以名词化并指称各种与它们有关系的成分”。沈家煊（2010）认为，“有些用作名词的动词不是指动作本身，而是转指跟动作相关的施事、结果、工具等”。心理动词“想”的名词性义项“开动脑筋思索的结果”不是指动作本身，而是转指跟动作相关的结果，突显了“想”的结果论元。由此，“想”由义项“开动脑筋思考问题”这一动作过程转指“开动脑筋思索的结果”，从而产生义项“开动脑筋思索的结果”。如“非分之想”“当帝王之想”“突发奇想”。《牛高》中对“idea”也有类似释义：“[C]a plan, thought or suggestion, especially about what to do in a particular situation.”综上所述，可以将该义项添加释义提示语“想法”后，描写为“名想法：开动脑筋思索的结果”。

该义项在自建平衡语料库中共有 2751 条语料，占比为 27.51%。用例如下：

（7）大人万万不可心存非分之［想］，一旦与那个女人有染，必死无疑！（当代\翻译作品\文学\199x Author 敦煌）

（8）1993 年 3 月 13 日是周末，正在柏林从事写作的顾城突发奇［想］，要

回北京。（当代\报刊\报刊精选\1994年《报刊精选》03）

3. 动考虑：对人或事物的现状做出思考。

认知过程的第二步：为认清人或事物的现状而思考。此时便产生了新义项“考虑”，如“一心想着人民”“为顾客着想”“往长远处想”。《柯高》中对“think”也有类似释义：“If you think of someone or about someone, you show consideration for them and pay attention to their needs.”此时“think”约等于“consider”，正是汉语“考虑”之意。可以将该义项描写为“动考虑：对人或事物的现状做出思考”。

该义项在自建平衡语料库中共有261条语料，占比为2.61%。用例如下：

（9）汉武帝自己是雄才大略，他自己揽权，尚不甚要紧，他死了，他须替他后代小皇帝着［想］，于是来一位大司马大将军辅政，便出来问题了。（当代\CWAC）

（10）还是宋霭龄心细，她忽然［想］到会不会是因为雾大，双方接不上头。（当代\史传\1999 程广_叶思 宋氏家族全传）

4. 动理解：对人或事物的现状认识得比较清楚。

认知过程的第三步：在对人或事物的现状做出思考后，理解人或事物的现状，于是就产生了《现汉》未收录的义项“理解；了解”，可用描述性话语解释为“理解：对人或事物的现状认识得比较清楚”。如“不要把他的话想得很糟糕”“想不通为什么抓我”中的“想”都是“理解清楚”的意思。《牛高》中对“understand”也有类似释义：“to know or realize how or why sth. happens, how it works or why it is important.”

该义项在自建平衡语料库中共有66条语料，占比为0.66%。该义项组成的复合词主要有想清楚、想明白、想透彻、想得通、想不通、想透。用例如下：

（11）我现在都［想］明白了，怪不得雨杭不肯成亲，原来和你暗通款曲！（当代\文学\台湾作家\琼瑶 烟锁重楼）

（12）话说回来，玩股票是有风险的，这一点必须讲清楚，也必须提醒人们［想］清楚。（当代\报刊\市场报\1994年4月《市场报》）

5. 动判断：对人或事物提出主观或客观的看法。

认知过程的第四步：在理解人或事物现状的基础上就可以对人或事物做出

判断，此时“想”的意思便为《现汉》中的义项②“推测；认为”。“想”的客体论元指的是关于某个人或事物的某种看法、观点或某种不确定的情况，如“我想，这也许就是感觉”“她做梦也没有想到会有这一天”。“推测”和“认为”分别带有客观性和主观性，本着释义用语简明性原则，可以把“推测”“认为”用同义词“判断”替代，并建议在原义项末尾增加对象论元，修改为“判断：对人或事提出主观或客观的看法”[①]。

该义项在自建平衡语料库中共有1072条语料，占比为10.72%。用例如下：

（13）徽因摆摆手说：“其实这只是人们的［想］当然。19世纪以前，西方古代艺术被毁坏是常事。”（当代\史传\2002 张清平 林徽因）

（14）他说来声色有点儿严厉，间以呵喝。我［想］这是触动了他旧有的忿忿了。（现代\文学\1921 叶圣陶 两法师）

（二）基于宾语过去时间场景的“想”的义项分布情况

以“现在”为基点，“想”的过去时间场景可分为两类：一类是怀念、想念过去的人，一类是回忆、回想过去已经发生的事情。围绕这两类时间场景，“想”产生了以下两个义项：

6. 动思念亲人或过去认识的人。

当主体论元为个人或群体（如孩子、妻子、游子等），客体论元为许久不见或已经离去的人时，“想”的意义为《现汉》中已有义项④“怀念；想念”，如“我可是一个劲儿想妈妈”“我们很想你”“别想着你那表哥了”。在分析自建语料库的过程中，我们发现有16条语料的客体对象为某种环境，如“他心里在想念故乡”“他很想家”“他看着人们全家大小到公园来赏月，心中十分想家，想念和奶奶、爸妈、弟弟在一块过节时的快乐”等。结合具体语境，“家”和“故乡”实际上作为一种符号象征，想“家”、想“故乡”应是借环境来思念家、故乡中的人，故客体论元实际上仍然是人。本着释义用语简明性的原则，可以把

① “为义项设置导航词是英语学习词典的标配，这是因为学习型词典一般都用描述性话语释义，描述性话语释义虽然提高了释义的精确度，但释义用语过长又不利于词典用户快速查找目标义项，为了弥补这一缺陷，学习型词典就在常用词义项前面设置释义提示语（导航词）。然而，与英美辞书强国的文本相比，我国至今还没有一部标有释义提示语的词典”（章宜华、雍和明，2007）。鉴于此，为了提高词典用户查找目标义项的效率，这里对“想”的义项标注了释义提示语。

“怀念”“想念”用同义词“思念”替代，并建议在原义项基础上增加客体论元，将该义项调整为“思念亲人或过去认识的人”，另外在配例中补出类似“他很想家”的用法。

该义项在自建平衡语料库中共有 104 条语料，占比为 1.04%。用例如下：

（15）在分开了一段时间以后，安娜异常［想］念她的孩子。（当代\文学\大陆作家\1994 曾卓 诗人的两翼）

（16）咱们大家都仿佛在一个极大的轮船上，咱们苦闷，咱们无聊，咱们［想］家乡。这就很容易使咱们作出些咱们自己也不大明白的事来。（现代\文学\1939 老舍 残雾）

7. 动回忆过去发生的事。

当主体论元为人（往往是个体），客体论元大多指过去发生的事件时，“想”的意义为《现汉》中已有义项⑤“回忆；回想”，如“我想起一件旧事”“他想起了前两年跟老农学种西瓜的情景”“回想着雨中赠玉坠的短暂场面”“定定神儿才想起这是没有球赛的夜晚”“我回想起当年扔到地上的那个小提琴”。可以在《现汉》义项末尾增加客体论元，调整为“回忆过去发生的事”。

该义项在自建平衡语料库中共有 700 条语料，占比为 7.0%。用例如下：

（17）我有勇气克服一切工作上的困难，可是一［想］起嫂子这件事，我就……（现代\文学\1959_8 老舍 全家福）

（18）自己走失，其大使却向我这个外交部长要人，一日数次咆哮汹汹，回［想］起来，不免心有余悸。（当代\报刊\作家文摘\陆茂清 汪精卫叛逃的前前后后）

（三）基于宾语将来时间场景的“想”的义项分布情况

8. 动希望；打算：想要或计划做某件事情。

“想”的宾语的表将来时间场景是以“现在”为基点推导出来的，在该场景中，“想”的对象多为尚未发生的事件，相当于《现汉》中已有义项③“希望；打算”。该义项的主体论元多为个人或群体（如老师、学生、企业、政府等），客体论元多为事件，因此，可将该义项描写为“希望或打算做某件事情”。如“（商人）想投资发财”“（华裔夫妇）想建希望学校”“（学生）想读中文系”。

该义项在自建平衡语料库中共有2599条语料，占比为25.99%。用例如下：

（19）毕业之后，也［想］做这些反映民意的事，于是就进了政府机关。（当代\口语\对话\创业者对话创业者）

（20）你关于未来的计划里，有一个特别浪漫，你说你演到五十岁，然后［想］去周游世界？（当代\口语\电视访谈\鲁豫有约 开心果）

在“想”的平衡语料库中，“想”的义项为“想要；欲求”的语料有2353条，占比为23.53%。如果是大中型详解词典，可以将“希望；打算”与“想要；欲求”分别设立义项；如果是中小型词典，则建议将两个义项合并为一个义项，增加超级论元“做某事”和释义提示语“希望；打算”，最终将该义项描写为“希望；打算：想要或计划做某件事情”。

四、结语

综上，我们建议外向型汉语学习词典将“想”的义项划分及描写如下：①动开动脑筋思考问题：a.根据某种观点或事实解决问题。b.在头脑中形成某种不想让人知道的观点。c.把事情记在心里。②名想法：开动脑筋思索的结果。③动考虑：对人或事物的现状做出思考。④动理解：对人或事物的现状认识得比较清楚。⑤动判断：对人或事物提出主观或客观的看法。⑥动思念亲人或过去认识的人。⑦动回忆过去发生的事。⑧动希望；打算：想要或计划做某件事情。

第二节　心理动词“思”的义项划分及描写

心理动词“思”的研究主要集中在语义演变与古代文学作品中“思”的语义提取等领域，从共时层面运用语料库技术并结合论元结构理论与“思”的时间性特征的“思”的释义研究成果鲜见。“思”在《现代汉语频率词典》中使用度排名为634，频率排名为748，在CCL语料库中排名为344，因此，“思”是使用频率较高的常用词，值得研究。

根据框架语义学理论，理解一个词要以理解该词的论元结构所构建的场景为前提。“思”的场景体现了其时间性特征。时间性分为外在时间性与内在时间性，“思”的释义不仅体现了外在时间性，而且体现了内在时间性。因此，我们运用大规模语料库，首先建立“思”的时间场景，然后分析它的论元结构，据此重新划分和描写“思”的义项。

一、“思”的平衡语料库的建立及标注

“思”在CCL语料库中共有256343条语料，我们下载“思”的全部语料并将其导入Excel表中建立“思”的总语料库，然后按照一定比例从中抽取10000条语料建立“思”的平衡语料库并进行标注。具体语料抽样情况如表2-1所示。

表2-1 “思”的语料抽样统计表

二级分类	三级分类	四级分类	下载语料	抽样语料
当代	CWAC		4667	200
	口语		1327	300
	史传		2324	100
	应用文	中国政府白皮书	95	10
		健康养生	422	20
		法律文献	43	10
		社会科学	4225	150
		自然科学	1400	100
		药方	274	10
		菜谱	15	10
		议论文	1577	100
		词典	2556	200
		说明书	18	10
	报刊	1994年报刊精选	26500	600
		人民日报	67485	800
		作家文摘	6501	300
		市场报	1584	100
		故事会	81	20

续表

二级分类	三级分类	四级分类	下载语料	抽样语料
当代	报刊	新华社	32883	590
		读书	28879	900
		读者	5404	200
		青年文摘	79	20
	文学	大陆 / 内地作家	17052	1500
		台湾作家	2578	500
		香港作家	2145	500
	电视电影	非文艺	3399	200
		文艺	2415	200
	相声小品		564	90
	网络语料		10771	500
	翻译作品	应用文	6686	450
		文学	18770	1000
现代	戏剧		210	10
	文学		3414	300
合计			256343	10000

依次标注"思"的平衡语料库中的10000条语料，标注情况如下：

"义项"栏的标注："思"在《现汉》中有5个义项（排除姓氏），分别标注为"1""2""3""4""5"。在标注过程中，根据语料，我们发现了4个新义项，分别标注为"6""7""8""9"，同时发现义项1可分立两个子义项，分别标注为"1a""1b"。

其他栏目的标注同"想"，这里不再赘述。

在"思"的平衡语料库中有639条专有名词语料。这639条语料对"思"的义项划分没有研究价值，所以我们未对其进行义项标注与分析，在此不做讨论。此外，还有36条无效语料。因此，该平衡语料库的有效语料为9325条。

二、时间性在"思"的场景划分中的作用

"思"在现代汉语中的义项与其外在时间结构和内在时间结构产生的场景均

存在密切关系。

（一）外在时间性在“思”的场景划分中的作用

根据“思”的外在时间性，“思”的场景可以分为表过去的时间场景、表现在的时间场景和表将来的时间场景，“思”在不同的时间场景中会产生不同的义项。

（二）内在时间性在“思”的场景划分中的作用

“思”的一些义项与其外在时间结构无关，但又有先后发生的逻辑关系，体现一个完整的认知过程，这类义项只能从其内在时间性进行解释。

三、基于时间场景与论元结构的“思”的义项划分及描写

根据“思”所带论元的情况，结合“思”的时间场景，我们得出“思”在现代汉语中的义项分布情况如下。

（一）基于宾语现在时间场景的“思”的义项分布情况

“思”的现在时间场景就是“思”实际发生时的场景，其过去时间场景和将来时间场景都是以现在时间场景为基点推算出来的。“思”的现在时间场景可描写如下：先是人通过眼耳口鼻舌等感觉器官从外部环境中获得信息，接着开动脑筋思考问题，继而产生一系列心理活动，这些心理活动正好构成一个完整的认知过程。一个完整的认知过程主要包括四个步骤：第一步，人通过感觉器官感触外部事物展开思考；第二步，通过思考认清事物；第三步，在认清事物的基础上理解事物；第四步，理解事物后对其做出主观定性或客观判断（李仕春，2020）。这一认知过程没有明显的外在时间顺序，但在逻辑上蕴含着先后认知顺序，这便是“思”的内在时间性的表现。根据这种内在时间顺序，“思”的义项可以做如下划分：

1. 动认真地思考问题。

认知过程的第一步：“思”的客体论元为问题、出路、攻略、方式、方法、决策、现状等抽象信息，这时“思”就有“认真地思考问题”的意思，这相当于《现汉》中已有义项①“思考；想”。“认真地思考问题”会产生两种结果：

第一种结果：根据某种观点或事实解决问题。这相当于《牛高》中

“deliberate”的义项 2 “to consider something very carefully, usually before making a decision”，侧重指以行动解决所“思考”的问题。

该义项在自建平衡语料库中共有 1978 条语料，占比为 19.78%。该义项构成的复合词有思考、思路、不可思议、顾名思义、多思、寻思、深思、思索、左思右想、思维等。用例如下：

（1）但在精神上，他们确是无与伦比的快乐的一对。李锐［思］考问题的深刻和目光的锐利，还有知识分子的强烈的忧患意识，都深深地吸引着蒋韵。（当代 \ 报刊 \ 作家文摘 \1997C）

（2）邓小平对松下的此次考察，给 83 岁高龄的松下幸之助留下深刻的印象，这促使老人开始［思］考松下公司的中国攻略。（当代 \ 史传 \ 吴晓波 激荡三十年——中国企业史 1978—2008）

第二种结果：在头脑中形成某种不想让人知道的观点。这相当于《朗高》中“think”的义项 3 “to have words or ideas in your mind without telling them to anyone”，单纯指不作声，“心里思考”而不行动。

该义项在自建平衡语料库中共有 414 条语料，占比为 4.14%。该义项构成的复合词有幽思、沉思、苦思冥想、凝思、静思、臆思、遐思等。用例如下：

（3）古者今安在，多情定似吾，幽［思］夜不寐，辗转恋名姝。（当代 \ 报刊 \ 读书 \vol-055）

（4）将外面的水光引了进来，这块大水晶更是极难得的宝物。定神凝［思］，登时暗暗叫苦：“糟糕，糟糕。我这可走到剑湖的湖底来啦！（当代 \ 文学 \ 香港作家 \ 金庸 天龙八部）

《牛高》《柯高》《朗高》等英语词典根据“think”所造成的结果对义项做了细分。然而，《现汉》《现规》《现学》《商学》等汉语词典没有根据“认真地思考问题”所造成的结果分立义项，我们根据“认真地思考问题”所造成的两种结果设立了上述两个子义项。

2. 动考虑：为认清人或事物的现状而盘算。

认知过程的第二步：为认清人或事物的现状而思考。此时便产生了新义项“考虑；盘算”，如穷则思变、见异思迁、见贤思齐、三思而后行、思忖、思量。《柯高》中对“deliberate”也有类似释义：“If you deliberate, you think about something carefully, especially before making a very important decision.” 这正是汉语“考虑”之意。可以将该义项描写为“考虑：为认清人或事物的现状而盘算”。该义项在自建平衡语料库中共有274条语料，占比为2.74%。用例如下：

（5）圆圆的赛金花头像，有意地构成一个大大的惊叹号，提醒读者自己去［思］考她，评价她。（当代\报刊\作家文摘\1994年1—6月《作家文摘》）

（6）集体企业柳州跃进化工厂找上门来，请求与之联合，以求生存。周总［思］考再三，决定上马氧化铁系列产品，经过努力，新一代的氧化铁系列产生。（当代\报刊\市场报\市场报1994）

3. 名思路：特指写文章的思路。

认知过程的第三步：在对人或事物的现状做出思考后，对人或事物的现状有了思路。此时便产生了《现汉》中的义项“思路”，可用描述性话语解释为“思路：特指写文章的思路”。

该义项在自建平衡语料库中共有130条语料，占比为1.3%。该义项组成的复合词有文思、构思、灵思、诗思、思路、文思泉涌、才思敏捷、思如泉涌、运思、思通万里等。用例如下：

（7）一位青年女工，文［思］快，文笔好，应聘到厂报编辑部，很快就独当一面。（当代\报刊\报刊精选\1994年《报刊精选》01）

（8）耐得寂寞的“晋军”干将李锐不断拓展创作世界，独特的构［思］、新奇的面孔吸引着众多读者，其影响悄然辐射三晋文坛。（当代\报刊\报刊精选\1994年《报刊精选》01）

4. 名思想；想法：对人或事的看法或观点。

认知过程的第四步：在对人或事物的现状有了思路的基础上，对人或事物形成主观或客观的看法或观点。此时“思”的意思便为《现汉》未收录的义项“思想；想法”。“思”的客体论元指的是发生在人物、事物身上的某种看法、观点，“思”自然就有了名词性的“思想；想法”的义项，如“政治观点和思想倾向”。故建议在原义项末尾增加对象论元，并增加释义提示语“思想；想法”，将该义项描写为“思想；想法：对人或事的看法或观点”。

该义项在自建平衡语料库中共有5656条语料，占比为56.56%。该义项组成的复合词主要有思潮、思绪、意思、思想、德高思精、集思广益、精思卓识、绝思、奇思怪（妙 / 异）想、豪情逸思等。用例如下：

（9）也不知怎的，在这种时候，他［思］潮竟又落入了回忆中，许多不该想的事，此刻他全都想了起来。（当代 \ 文学 \ 台湾作家 \ 古龙　小李飞刀）

（10）看着郁青青较真儿的样子，戴崴开始花心［思］去想办法了。（当代 \ 电视电影 \ 文艺 \2004 李鸿禾 _ 管虎　冬至）

5. 名 做某事的心思或情绪。

认知过程的第五步：对人或事物形成主观或客观的看法或观点后，人们脑海中形成某种心绪或者情绪。此时“思”的意思便为《现汉》已收录的义项⑤“心思；情绪”。“思”的主体论元多为个人或群体，客体论元主要为做某事，如“顾客有一点儿心思来注意一下你的商品”“根本没心思下棋”。故建议在原义项基础上增加客体论元，将义项描写为“做某事的心思或情绪”。

该义项在自建平衡语料库中共有 349 条语料，占比为 3.49%。该义项组成的复合词有迷思、情思、思绪、思绪如潮、思绪不宁、思绪万千、思绪纷（紊）乱等。用例如下：

（11）做人有人格、品德、威仪；肯与人结缘；心［思］端正，正知正见……这些都是修行。（当代 \ 口语 \ 对话 \2007 星云大师 _ 刘长乐　传媒大亨与佛教宗师的对话：包容的智慧）

（12）有心事无处诉说，因而终日忧郁寡欢，沉没在对昔日的情［思］之中。（当代 \ 应用文 \ 健康养生 \1993 和秀红 _ 杨志玲 养生与健美方法 100 例）

6. 形 为某人或某事感到悲伤哀愁。

认知过程的第六步：当人们的脑海中形成了某种心绪或者情绪后，就会产生悲伤、哀愁等情感。此时“思”的意思便为《现汉》未收录的义项“悲伤；哀愁”。“思”的对象论元多为“人”或“道德沦丧的事”等悲观事件，如“对道德沦丧的忧思使她的小说极具批判锋芒”“以此寄托他对恩师的无限哀思”。建议增加对象论元“某人或某事”，将该义项描写为“为某人或某事感到悲伤哀愁”。

该义项在自建平衡语料库中共有 51 条语料，占比为 0.51%。该义项构成的复合词有哀思、忧思、愁思、秋思、悲思、乡思、怨思等。用例如下：

（13）坟前的那块墓碑，是穆青为文并亲自书写的，凝聚着这位老记者的哀［思］和对亡友的赞颂，是散文，也是诗。（当代 \ 报刊 \ 作家文摘 \1994 年 7—

12 月《作家文摘》)

（14）《城南旧事》被大陆导演吴贻弓搬上银幕，那淡淡的哀愁、沉沉的乡[思]打动了无数观众，林海音也成为在大陆知名度最高的台湾作家之一。(当代\报刊\新华社\新华社 2001 年 12 月新闻报道)

（二）基于宾语过去时间场景的“思”的义项分布情况

以“现在”为基点，“思”与“想”的过去时间场景大致相同，可分为两类：一类是怀念、思念过去的人，一类是回忆、回想过去已经发生的事情。围绕这两类时间场景，“思”便产生了以下两个义项：

7.动思念亲人或过去认识的人。

当主体论元为个人或群体（如孩子、妻子、观众等），客体论元为许久不见或已经离去的人时，“思”的意思为《现汉》中的义项④“思念；怀念；想念”，如“观众的无限思念”“她思念女儿”“对逝者的永久思念”“无尽的相思在大洋两岸回荡着”。在分析自建语料库的过程中，我们发现有 20 条语料的客体对象为某种环境，例如“留芬学子们更加思念祖国”“宋霭龄透过车窗饱览她朝思暮想的大上海”等。结合具体语境，“大上海”和“祖国”实际上是一种符号象征，想“大上海”、想“祖国”应是借环境来思念大上海、祖国的人，故客体论元仍然可以看作是人。建议在原义项基础上增加对象论元，将原义项修改为“思念亲人或过去认识的人”，另外在配例中补出跟“思乡”“思祖国”类似的用法。

该义项在自建平衡语料库中共有 264 条语料，占比为 2.64%。该义项组成的复合词有思乡、思亲、相思、思恋、思忆、思古、思慕、思旧、朝思暮想、日思夜想等。用例如下：

（15）她[思]念女儿，常常夜里做噩梦，噩梦里女儿总是出现在各种各样的令她揪心揪肺的凶险中。(当代\口语\对话\女记者与大毒枭刘招华面对面)

（16）五合目外春尚寒，一饮君茶暖心间。异国更有[思]乡苦，万语千言却无言。(当代\口语\对话\2007 星云大师 _ 刘长乐 传媒大亨与佛教宗师的对话：包容的智慧)

（17）秦文玉常常在拉萨河边散步，随着永不停息的涛声，[思]念逝者。(当代\报刊\报刊精选\1994 年《报刊精选》01)

8. 动回忆过去发生的事件。

当主体论元为人（往往是个体），客体论元多指过去的时光、旧情，事物的源头、艰辛等事件时，“思”的意思为《现汉》未收录的义项“回忆；回想”，如“回思当日情景”“回思二十七年前之事”“回思旧情”“回思十七年前和她欢聚的那段销魂蚀骨的时光”。根据语料，建议添加对象论元“过去发生的事件”，将该义项描写为“回忆过去发生的事件”。

该义项在自建平衡语料库中共有139条语料，占比为1.39%。该义项组成的复合词有回思、追思、每思及此、痛定思痛、饮水思源、忆苦思甜、致富思源、闭门思过等。用例如下：

（18）宝树坐回椅中，凝目瞪视，回［思］二十七年前之事，始终想不起此人是谁。（当代\文学\香港作家\金庸 雪山飞狐）

（19）全国老百姓只要听得见收音机，都听到了“委座”追［思］八年艰辛、砥砺未来勇气的致辞。（当代\文学\台湾作家\张大春 聆听父亲）

（20）“这么能吃？！”丽鹃特地做了一个夸张的惊讶表情以配合婆婆的忆苦［思］甜。（当代\文学\大陆作家\2005 六六 双面胶）

综上，当“思”的意思为“想念；怀念”时，其对象以人为主；当“思”的意思为“回忆；回想”时，其对象更多的是指事件。因此，基于“思”的过去时间场景，我们划分出两个义项：动思念亲人或过去认识的人；动回忆过去发生的事件。

（三）基于宾语将来时间场景的“思”的义项分布情况

9. 动希望或想要做某事。

“思”表将来的时间场景是以“现在”为基点推导出来的，在该场景中“思”的对象多为尚未发生的事件，相当于《现汉》中已有义项③“希望；想”。该义项的主体论元多为个人或群体（如这家伙、人、父亲等），客体论元多为事件，如“‘穷则思变’既是我们吴旗人的动力，也是我们吴旗人的行动”“不思进取，但求无过”。建议将《现汉》释义中的“想”改为“想要”，并在《现汉》释义基础上添加超级论元，将该义项修改为“希望或想要做某事”。

该义项在自建平衡语料库中共有106条语料，占比为1.06%。该义项组成的复合词有思归、穷则思变、不思进取、乐不思归、思凡、见贤思齐、茶饭不思、思春等。用例如下：

（21）警钟响起到狼真的来了，中间相隔几乎一代人的时间，我们对某些不［思］进取的行业还要保护到什么时候呢？（当代\应用文\社会科学\1999 Author WTO 与中国）

（22）说不清是“穷则［思］变”的血管里天生流着上进的血液，还是出于好奇。（当代\报刊\读者\1997 Author《读者》_190）

（23）他们在此剧中把在异域的对祖国之思，对东方传统美德之思，和在喧嚣现代社会中对人类美好情怀之“［思］归”，化为剧中的一条贯穿始终的纽带，一缕无所不在的“情思”。（当代\报刊\作家文摘\1997C）

四、结语

综上，我们建议外向型汉语学习词典将“思”的义项划分及描写如下：①动认真地思考问题：a. 根据某种观点或事实解决问题。b. 在头脑中形成某种不想让人知道的观点。②动考虑：为认清人或事物的现状而盘算。③名思路：特指写文章的思路。④名思想；想法：对人或事的看法或观点。⑤名做某事的心思或情绪。⑥形为某人或某事感到悲伤哀愁。⑦动思念亲人或过去认识的人。⑧动回忆过去发生的事件。⑨动希望或想要做某事。

第三节　心理动词“虑”的义项划分及描写

学界对心理动词“虑”的研究关注较少。本节从共时层面，运用语料库技术并结合论元结构理论及“虑”的时间性特征，考察“虑”的释义。“虑”在 CCL 语料库中排第 1047 位，比较常用，值得研究。

根据框架语义学理论，理解一个词需要以理解该词的论元结构所构建的场景为前提。“虑”的场景体现了其时间性特征，时间性分为外在时间性与内在时间性，“虑”的释义不仅体现了外在时间性，而且体现了内在时间性。因此，我们运用大规模语料库，首先建立“虑”的时间场景，然后分析它的论元结构，从而重新划分和描写“虑”的义项。

一、“虑”的平衡语料库的建立及标注

“虑”在 CCL 语料库中共有 65038 条语料，我们下载“虑”的全部语料并将其导入 Excel 表中建立“虑”的总语料库，然后按照一定比例从中抽取 10000 条语料建立“虑”的平衡语料库并进行标注。具体语料抽样情况如表 2-2 所示。

表 2-2　“虑”的语料抽样统计表

二级分类	三级分类	四级分类	下载语料	抽样语料
当代	CWAC		1674	500
	口语		154	154
	史传		603	200
	应用文	中国政府白皮书	53	53
		健康养生	237	50
		法律文献	46	46
		社会科学	1378	300
		自然科学	191	50
		药方	102	50
		菜谱	1	1
		议论文	318	50
		词典	469	100
		说明书	42	42
	报刊	1994 年报刊精选	5830	500
		人民日报	11910	1000
		作家文摘	1618	300
		市场报	560	100
		故事会	18	18
		新华社	16986	1073
		读书	3079	300
		读者	1242	100
		青年文摘	8	8
	文学	大陆 / 内地作家	3685	1500
		台湾作家	341	300
		香港作家	394	300

续表

二级分类	三级分类	四级分类	下载语料	抽样语料
当代	电视电影	非文艺	500	200
		文艺	661	300
	相声小品		47	47
	网络语料		4194	500
	翻译作品	应用文	4185	400
		文学	4000	1200
现代	戏剧		58	58
	文学		454	200
合计			65038	10000

依次标注“虑”的平衡语料库中的10000条语料，标注情况如下：

“义项”栏的标注：“虑”在《现汉》中有2个义项，分别标注为“1”“2”。在标注过程中，根据语料，我们发现了一个新义项，标注为“3”。

二、时间性在“虑”的场景划分中的作用

“虑”在现代汉语中的义项与其外在时间结构产生的场景和内在时间结构产生的场景均存在密切关系。

（一）外在时间性在“虑”的场景划分中的作用

根据“虑”的外在时间性，“虑”的场景可以分为表过去的时间场景、表现在的时间场景和表将来的时间场景，“虑”在不同的时间场景中会产生不同的义项。

（二）内在时间性在“虑”的场景划分中的作用

“虑”的一些义项与其外在时间结构无关，但又有先后发生的逻辑关系，体现一个完整的认知过程。这类义项只能从其内在时间性方面进行解释。

三、基于时间场景与论元结构的“虑”的义项划分及描写

根据“虑”所带论元的情况，结合“虑”的时间场景，我们得出“虑”在现代汉语中的义项分布情况如下。

（一）基于宾语现在时间场景的“虑”的义项分布情况

“虑”的现在时间场景就是“虑”实际发生时的场景，其过去时间场景和将来时间场景都是以现在时间场景为基点推算出来的。“虑”的现在时间场景可描写如下：先是人通过眼、耳、口、鼻、舌等感觉器官从外部环境中获得信息，接着开动脑筋思考问题，继而产生一系列心理活动，这些心理活动正好构成一个完整的认知过程。这个认知过程主要包括三个步骤：第一步，人通过感觉器官感触外部事物展开思考；第二步，通过思考认清人或事物；第三步，认清人或事物后为其担忧。这一认知过程没有明显的外在时间顺序，但逻辑上蕴含着先后认知顺序，这便是“虑”的内在时间性的表现。根据这种内在时间顺序，“虑”的义项可以做如下划分：

1. 动仔细考虑某事，尤指为了做出决定。

认知过程的第一步：“虑”的客体论元为效益、能力、现状、自己、问题、别人、言辞、当前、未来等抽象信息。这时“虑”就有“仔细考虑某事，尤指为了做出决定”的意思，这相当于《现汉》中已有义项①“思考”。

该义项在自建平衡语料库中共有7231条语料，占比为72.31%。该义项构成的复合词有考虑、思虑、深谋远虑、深思熟虑、处心积虑、静虑等。用例如下：

（1）在制定教育目的和培养目标时，还必须考［虑］教育对象的年龄特点。（当代\CWAC）

（2）简而言之，该佯谬思［虑］的问题是“为什么夜空是黑暗的”。（当代\CWAC\SPB0483）

（3）他以为，致良知不能用佛家沉思默［虑］的方法。（当代\应用文\社会科学\1985涂又光 中国哲学简史）

然而，《现汉》对该义项采取了以词释词的释义方式，这种释义简而不明，没有将思考的对象与目的说明清楚，“思考”本身也难以体现“虑”的认知过程。参考《牛高》对“consider”的释义“to think about something carefully, especially in order to make a decision”，结合语料，可以为该义项增加对象论元“某事”、目的论元“为了做出决定”，以及释义提示词“尤指”，将该义项描写为“仔细考虑某事，尤指为了做出决定”。

2. 动担忧，发愁：使某人或自己为某人或某事感到焦虑。

认知过程的第二步：在仔细考虑某事后，为某人或某事感到担忧。这时“虑”就产生了《现汉》中的义项②“担忧；发愁”。但《现汉》采取了以词释词的释义方式，释义不明。为将“担忧”的完整意义描述出来，参考《牛高》对“worry”的释义“to make sb./yourself anxious about sb./sth.”，根据描述性话语释义原则，结合语料，可以为该义项增加致使论元“使某人或自己”、对象论元“为某人或某事”，将该义项重新描写为“担忧；发愁：使某人或自己为某人或某事感到焦虑”。

该义项在自建平衡语料库中共有2728条语料，占比为27.28%。该义项构成的复合词有忧虑、疑虑、顾虑、过虑、焦虑、朝思夕虑、无忧无虑、可虑等。用例如下：

（4）有其他心理疑[虑]而需要咨询者。(当代\CWAC)

（5）在安全的咨询场合重谈痛苦的经历，可逐渐消退与之有关的焦[虑]。(当代\CWAC)

（6）主要原因是在艺术学校里赵薇逐渐丢失了自己童年无忧无[虑]的生活。(当代\口语\对话\2008 鲁豫_张柏芝等 鲁豫有约_红伶)

3. 名心思；情绪：做某事的心思或者情绪。

认知过程的第三步：为某人或某事感到担忧后，形成心思或情绪。这时“虑”就产生了《现汉》未收录义项“心思；情绪：做某事的心思或者情绪”。

该义项在自建平衡语料库中共有41条语料，占比为0.41%。该义项构成的复合词有思虑、情虑、殚精竭虑等。用例如下：

（7）这可能也是我们做长期投资的投资者思想深处最深的思[虑]。我们希望投资像皇冠上的珍珠一样的企业。(当代\口语\对话\2006 Author 国内私募基金经理对话)

四、结语

综上，我们建议外向型汉语学习词典将“虑”的义项划分及描写如下：①动仔细考虑某事，尤指为了做出决定。②动担忧；发愁：使某人或自己为某人或某事感到焦虑。③名心思；情绪：做某事的心思或者情绪。

第三章

基于语料库的回忆类心理动词义项划分及描写

本章以现代汉语回忆类心理动词“记”“念”“忆”“忘”为研究对象，利用语料库方法对其义项进行分析研究，同时对比不同汉英词典中“记”“念”“忆”“忘”义项的异同，借以辅助补充完善“记”“念”“忆”“忘”的义项，以期为外向型汉语学习词典对“记”“念”“忆”“忘”释义的优化提供参考。

第一节　心理动词“记”的义项划分及描写

在《现代汉语频率词典》中，“记”的使用度为183，在其所收录的使用度最高的前8000词中，“记”位于第705位，在使用频率最高的前8000词中，“记”位于第851位，可见“记”是使用频率较高的现代汉语常用词。本节通过建立“记”的平衡语料库，抽取10000条语料进行标注与分析，重新描写“记”在现代汉语中的义项分布情况，并运用论元结构理论、时间场景以及转喻和隐喻理论对“记”各义项产生的原因进行解释，以期为外向型汉语学习词典对“记”释义的优化提供参考。

一、“记”的平衡语料库的建立及标注

“记”在CCL语料库中共有638909条语料，我们下载“记”的全部语料并将其导入Excel表中建立“记”的总语料库，然后按照一定比例从中抽取10000条语料建立“记”的平衡语料库并进行标注。具体语料抽样情况如表3-1所示。

表 3-1 “记”的语料抽样统计表

二级分类	三级分类	四级分类	下载语料	抽样语料
当代	CWAC		4727	105
	口语		900	500
	史传		1819	100
	应用文	中国政府白皮书	105	55
		健康养生	395	61
		法律文献	577	101
		社会科学	3499	280
		自然科学	999	120
		药方	46	46
		菜谱	71	71
		议论文	1233	100
		词典	3174	103
		说明书	159	45
	报刊	1994 年报刊精选	43972	597
		人民日报	187209	912
		作家文摘	9245	201
		市场报	3945	500
		故事会	79	79
		新华社	293503	992
		读书	16349	253
		读者	6838	302
		青年文摘	64	64
	文学	大陆 / 内地作家	14210	801
		台湾作家	1781	454
		香港作家	1558	350
	电视电影	非文艺	1905	400
		文艺	1557	300
	相声小品		390	59
	网络语料		19268	500

续表

二级分类	三级分类	四级分类	下载语料	抽样语料
当代	翻译作品	应用文	4637	91
		文学	11404	801
现代	戏剧		264	99
	文学		3027	558
合计			638909	10000

依次标注“记”的平衡语料库中的10000条语料，标注情况如下：

义项栏的标注：“记”在《现汉》中共有7个义项，分别标注为“1”“2”“3”“4”“5”“6”“7”。在标注过程中，根据语料，我们发现了2个新义项，分别标注为“8”“9”。

专名栏的标注：“记”的专名中无“地名”和“人名”项，“其他专名”中包含“店名”“商标名”“景点名”“机构名”，共35条语料，约占总语料的0.35%。我们对专名不做讨论。

二、时间性在“记”的场景划分中的作用

“记”是表示精神活动的代表词之一，其时间场景可依据时间性特征来确定。“记”的时间性特征包含外在时间性和内在时间性。

（一）外在时间性在“记”的场景划分中的作用

外在时间性表现为“记”能体现出过去、现在、将来这一时间流逝的过程，因此“记”的场景可以分为过去时间场景、现在时间场景和将来时间场景。

（二）内在时间性在“记”的场景划分中的作用

“记”的内在时间性体现在一些义项与外在时间无关，但又有先后发生的逻辑关系，是一个完整的认知过程，只能从其内在时间性进行解释，从而形成“记”的内在时间场景。

三、基于时间场景与论元结构的“记”的义项划分及描写

（一）基于宾语现在时间场景的“记”的义项划分及描写

“记”的现在时间场景就是“记”这一动作实际发生时的场景，是过去时间场景和将来时间场景的基础。“记”的现在时间场景可描述为：首先人通过感觉器官从外部环境中获得信息，接着大脑对信息进行编辑，产生各类心理活动，这些心理活动就构成了一个完整的认知过程。

这一认知过程包括以下两步：第一步，大脑通过感觉器官感知到各类信息，发出指令做出手部动作从而通过纸笔等媒介进行记录；第二步，在记录过程中产生思考——把信息写下来就不会忘记。这一认知过程没有明显的外在时间顺序，但逻辑上蕴含着先后认知顺序，这便是“记”的内在时间性的表现。根据这种内在时间顺序，“记”的义项可以做如下划分：

1. 动为了不忘记，用笔、纸、本子等把数据、事件、话语等写下来。

认知过程的第一步：“记”的主体论元为人，客体论元为言语、事件、事实、理论、数据、信息、经验等，且语义侧重于纯粹保存于某种载体上。这时“记”就有“把……写下来”的意思。《现汉》将此义项描写为“记录；记载；登记”。本义项对应的《朗高》中的释义为“[transitive] to write information down or store it in a computer or on film so that it can be looked at in the future”。结合语料，增加目的论元“为了不忘记”、工具论元“用笔、纸、本子”与对象论元“数据、事件、话语”，可以将该义项描写为“动为了不忘记，用笔、纸、本子等把数据、事件、话语等写下来”。

该义项在自建平衡语料库中共有5012条语料，占比为50.12%。该义项构成的复合词有记述、记过、记账、记录、登记等。用例如下：

（1）他们回来后，必须向政府登［记］，声明遵守政府一切法令，不作任何破坏和帮助国民党的特务行为。（当代\应用文\议论文\1983 邓小平 邓小平文选1）

（2）朱利安娜·R拿起笔记本，准备［记］下要点。（当代\翻译作品\文学\1998 许钧 勒·克莱齐奥_诉讼笔录）

（3）用药期间应密切观察病人反应，如脉率、体温、呼吸频率和血压、出

血倾向等，至少每4小时［记］录1次。（当代\应用文\说明书\ICU常用药品说明书大全）

2. 名记载、描写事物的文字（多用于书名或篇名）。

沈家煊（2010）指出："有些用作名词的动词不是指动作本身，而是转指跟动作相关的施事、结果、工具等。"心理动词"记"在《现汉》中的义项②"动记录；记载；登记"突显的是"写"这一特定动作；义项③"名记载、描写事物的文字（多用于书名或篇名）"不是指"写"这一动作本身，而是转指跟动作相关的结果，突显了"记"这一动作的结果。由此可见，"记"的义项③由义项②转指而来。

该义项在"记"的平衡语料库中共有1018条语料，占比为10.18%。该义项构成的复合词有游记、日记、传记等。用例如下：

（4）旧时称赞某些统治者爱护百姓，就像爱护自己的子女一样。《礼［记］·中庸》："子，庶民也。"（当代\应用文\词典\2002 鸽子树 中国成语大辞典）

（5）他在《战史会刊》上发表了《抗战时期黄河决口纪实》一文，以日［记］形式写道……（当代\报刊\作家文摘\1995年1—6月《作家文摘》）

（6）一篇有待进一步思考的读书笔［记］。（当代\报刊\读书\vol-061）

3. 名事物经过后留下的痕迹。

无论是古时人们将文字书写在简册、石片、帛、纸等材料上，还是现在人们书写在电脑文档等工具中，都体现了从无到有的过程，汉字在空白文档上留下了印迹。《现汉》中的义项③"名记载、描写事物的文字（多用于书名或篇名）"本指具体可观的事物，通过隐喻映射出抽象意义"某事物留下的印儿"，因而产生义项"名事物经过后留下的痕迹"。

该义项在"记"的平衡语料库中共有8条语料，占比为0.08%。该义项构成的复合词有印记、戳记等。用例如下：

（7）这一动彼得母亲得寸进尺了，拼命拉住车门把，只要车子开动，她就给你拖在下面，拖出一道血淋淋的印［记］。（当代\文学\大陆作家\2009 严歌苓 寄居者）

（8）虽说眼下没施脂粉，但眼圈周围还是黑黑的，这显然是早上洗脸马虎

而留下的印［记］。（当代\翻译作品\文学\1983 张柏然_张增建_倪俊 人性的枷锁）

（9）渗透骨髓的冲动，其实都是传统文化在我们的潜意识里悄然留下的印［记］。（当代\口语\对话\2007 星云大师_刘长乐 传媒大亨与佛教宗师的对话：包容的智慧）

（10）从这些大修的场景中，我们隐约可以捕捉到当年修建这座宫殿的一些印［记］。（当代\电视电影\百科\2005 Author 《故宫》解说词）

4. 量多用于某些动作的次数。

彭艳虹（2019）指出多义词的义项一般包括本义和引申义。词义的引申是对该事物再次范畴化的过程，通过转喻保持了事物内在的相关性特征。乔相如（2022）指出，所有量词都是从其他词类转化而来的，借词对象按数量由多到少排序依次是名词、动词、形容词、拟声词和语气词。量词意义的产生是基于来源词的始源义、引申义和假借义，量词意义与来源词意义高度相关（乔相如，2022）。当提到“记”的义项“动为了不忘记，用笔、纸、本子等把数据、事件、话语等写下来”时，我们的头脑中会想到，在这一过程中“写”这一行为动作是反复进行的。为表示某些动作、行为的数量单位，产生了义项“量多用于某些动作的次数”。这是转喻思维模式中的“以部分代替整体”。

该义项在“记”的平衡语料库中共有 71 条语料，占比为 0.71%。用例如下：

（11）我五岁那年玩球，一［记］猛射，打破了邻居车库的玻璃窗，我提心吊胆地过了十天才去认错。（当代\报刊\读者\1987 Author 《读者》_69）

（12）这次会谈很成功。他自我感觉良好。而就在这时，纳木夫却给了他一［记］闷棍。（当代\翻译作品\文学\1997 胡建华 地球杀场）

（13）五分钟左右，我卧室的窗户被一颗小石子击了一［记］。（当代\文学\大陆作家\2009 严歌苓 寄居者）

5. 动记住某些需要特别强调的事情。

认知过程的第二步：“记”的客体论元为某些需要特别强调或者需要特别记住的事情。这时“记”的意思对应《牛高》中“remember”的义项 3“[transitive] to keep an important fact in your mind”，突显出强调某个重要信息。此时可以将“记”的义项描述为“动记住某些需要特别强调的事情”。

该义项在自建平衡语料库中共有 502 条语料，占比为 5.02%。该义项构成的复合词有铭记、忘记、记得等。用例如下：

（14）作为塑铸青少年灵魂的工业，德育是一项宏伟的未来工程，如果忘［记］了它的重要，中国将没有未来。（当代 \ 报刊 \ 报刊精选 \1994 年《报刊精选》01）

（15）婚恋、爱好、住址、起居习惯、服装尺寸、口头禅乃至三围数据都铭［记］不忘。（当代 \ 报刊 \ 报刊精选 \1994 年《报刊精选》01）

（二）基于宾语过去时间场景的“记”的义项划分及描写

“记”的过去时间场景侧重于主体论元“人”对客体论元“信息、数据、话语、人物、事件等”进行主观感知，使现在时间场景的客观书面记录转化为人头脑或者心里已知的信息，由此产生《现汉》中“记”的义项①“动把印象保持在脑子里”。过去时间场景包含两种情况。

第一种情况：脑海中保持着关于过去某人、某事或者某个地点的印象。这相当于《牛高》中“remember”的义项 1“somebody/something from the past. [transitive, intransitive] to have or keep an image in your memory of an event, a person, a place, etc. from the past”，突显对象论元“过去某人、某事或某个地方”。

该义项在自建平衡语料库中共有 809 条语料，占比为 8.09%。该义项构成的复合词有记一桩事件、记事、忘记名字、惦记等。用例如下：

（16）原来这边儿地方儿啊，记得我小时候［记］事时候，没有一幢整齐房子，全是木板儿的棚子。哎，这儿还有些老居民，都住在简易楼里了。（当代 \ 口语 \1982 童静娴 _ 马增志等 1982 年北京话调查资料）

（17）建设前十年即将收尾，后十年就要起步的时候，三西人民又给时刻惦［记］着他们的党中央、国务院报上了喜讯：战胜去年的特大干旱。（当代 \ 报刊 \ 报刊精选 \1994 年《报刊精选》01）

（18）皇上对那传话的太监说：“那就让那——”，皇上又忘［记］名字了，下面跪着的太监反应快，接口说：“努尔——哈赤。”（当代 \ 史传 \1999 李文澄 努尔哈赤）

第二种情况：回想起曾经知道的某些事实或者信息。这相当于《牛高》中

“remember” 的义项 2 “fact/information.[transitive, intransitive]to bring back to your mind a fact, piece of information, etc. that you knew”，突显客体论元“某些事实或信息”。

该义项在自建平衡语料库中共有 600 条语料，占比为 6%。该义项构成的复合词有记起来、记不起来等。用例如下：

（19）后来整整失忆了十一小时，醒来已经回上海了，这中间发生了什么我完全不知道，直到今天也［记］不起来，不过［记］起来也没什么意义了。（当代 \ 口语 \ 电视访谈 \ 鲁豫有约 开心果）

（20）看你演出的现场非常简单，舞台上有一个台子，几张纸，上面记着一些笔记。可能有的观众会［记］得很多年前，我是做早晨新闻节目的。（当代 \ 口语 \ 电视访谈 \ 鲁豫有约 开心果）

此结果区别于第一种结果的地方在于其经历了“记得—忘记—想起”的过程。

上述两种情况体现的是“记”的过去时间场景的两种分类。一类反映了记忆过去的人、事件、地点，另一类则体现了回忆、回想起过去的事实或信息。

（三）基于宾语将来时间场景的“记”的义项划分及描写

当“记”的客体论元为尚未发生的事情时，即在未来时间场景中，“记”的意思对应《牛高》中“remember”的义项 4 “to not forget to do something”。结合语料库，可以为该义项增加客体论元“将要做的事情”，将该义项描写为“动把将要做的事情记在心里”。

该义项在自建平衡语料库中共有 611 条语料，占比为 6.11%。该义项构成的复合词有记着、忘记、记得等。用例如下：

（21）你［记］得给我打电报，叫我到济南车站去接周校长。（现代 \ 文学 \ 1941 老舍 敬悼许地山先生）

（22）“不要忘［记］报越国的仇。”（当代 \ 应用文 \ 社会科学 \1984 冯国超 中华上下五千年）

（23）放入盐、水，咕嘟去吧，大约 10 分钟左右，此时汁已爊浓，中间［记］着翻翻个儿，起锅前滴入少许醋，起锅时放入青蒜段即可。（当代 \ 应用

文\菜谱\菜谱集锦）

通过汉英词典对比可以看出，《牛高》《朗高》《柯高》根据“remember”所包含的情况对其义项进行了细分，但《现汉》《现学》《当学》《商学》都未根据“把印象保持在脑子里”包含的情况对“记”的义项进行细分。因此，我们根据“把印象保持在脑子里”包含的情况对“记”的义项进行细分，建立“把印象保持在脑子里”的四个子义项。四个子义项体现了“记”的外在时间性特征与内在时间性特征。内在时间性为：首先为了不忘记，用笔、纸、本子等把数据、事件、话语等写下来，然后突显记下来的目的——记住某些需要特别强调的事情。外在时间性为：首先，脑海中保持着关于过去某人、某事或者某个地点的印象；然后，想起曾经知道的某些事实或者信息；最后，把将要做的事情牢记在心。

6. 名引起注意，帮助识别、记忆等的标志、记号。

需要说明的是，义项“动把印象保持在脑子里”是为了“不忘记”，这涉及三种记忆模型：感觉记忆、短时记忆和长时记忆。当记忆达到长时记忆时，才实现真正意义上的“不忘记”。要使记忆达到长时记忆，除了遵循“艾宾浩斯遗忘曲线”规律及时回顾与复习外，还要采用有效的信息加工方式。因此，在面对记忆材料时，人们常常会对记忆材料进行各种方式的编码或处理，如为了帮助记忆，学生记录上课笔记时常常采用“四色笔记法”，就是通过不同颜色的标注引起注意。这里所使用的“四色”就是学生为帮助记忆所做的标记。转喻是人们认识、理解客观世界的重要工具之一。因此，基于相同的目的“不忘记”，义项“动把印象保持在脑子里”通过转喻机制产生义项“名引起注意，帮助识别、记忆等的标志、记号”。

该义项在“记”的平衡语料库中共有137条语料，占比为1.37%。该义项构成的复合词有印记、标记、记号、暗记、徽记等。用例如下：

（24）这组在国内外实属稀有的挂历一出版，以鸽子为徽［记］的香港新华航空公司立刻要求订购15000套。（当代\报刊\市场报\1994年7—12月《市场报》）

（25）不顾产品成色高低，未经检测就在黄金饰品上打上“9999”的印［记］后出厂。（当代\报刊\市场报\1994年7—12月《市场报》）

（26）近蒙古包时忌重骑快行，以免惊动畜群；若门前有火堆或挂有红布等［记］号，表示这家有病人或产妇，忌外人进入。（当代\报刊\报刊精选\1994年《报刊精选》01）

此义项对应《现汉》中的义项④“标志；符号”。根据张志毅（2015）的“句子释义观”[①]，我们为其增加用途论元，将该义项改为描述性话语“名引起注意，帮助识别、记忆等的标志、记号”。

7. 名皮肤上生下来就有的深色的斑。

人们在生活中会发现有的人一出生皮肤上就长有深色的斑，这些斑的位置、大小、颜色深浅都存在差异，因而具有区别、标记的作用，这与义项“名引起注意，帮助识别、记忆等的标志、记号”有了“识别，区别”的相似性。因此，该义项通过隐喻产生了义项“名皮肤上生下来就有的深色的斑”。

该义项在“记”的平衡语料库中共有43条语料，占比为0.43%。该义项构成的复合词有胎记、黑记、红记等。用例如下：

（27）这句话说得声音不高，但杨某人还是听得清清楚楚：“胎［记］怎么长到脸上去了？”（当代\网络语料\2005 王小枪 无厘头水浒故事：完全强盗手册）

（28）微型磨皮术尽管有效，但还是不能去除较深的伤疤，消灭不了粉刺，也不能解决晒伤、细纹和胎［记］之类的问题。（当代\健康养生\2003 安静 懒女孩的美丽指南）

（29）烛光之下，木婉清见她素手纤纤，晶莹如玉，手背上近腕处有块殷红如血的红［记］，不由得全身一震，颤声道：“你……你的名字……可叫作刀白凤？”（当代\文学\香港作家\1980 金庸 天龙八部）

8. 素印章。

关于“印章”的起源，西方学者将其追溯到距今7000多年前，并通过研究印章纹饰的多样性得出最早的印章具有一定的标识个人身份功能的结论。程忠红、吾金昂加（2022）指出，“复制与戳记不仅是印章的初始功能，还是印章

① 张志毅（2015）指出：“我们提倡释义时使用完整的句子，给出被释词的主要语义特征和区别性语义特征。”

的溯源点”。因此，为了区别“标识”和“标记”，义项“名引起注意，帮助识别、记忆等的标志、记号”在隐喻机制作用下产生了义项“素印章”。

该义项在“记”的平衡语料库中共有53条语料，占比为0.53%。该义项构成的复合词有图记、戳记等。用例如下：

（30）对盖有“假币”字样戳［记］的人民币，经鉴定为真币的，由中国人民银行或者中国人民银行授权的国有独资商业银行的业务机构按照面额予以兑换。（当代\报刊\人民日报\rmrb_2000_02）

（31）【图［记］】图章。（当代\应用文\词典\1987 中国社会科学院语言研究所 倒序现汉词典）

四、结语

综上，我们建议外向型汉语学习词典将“记”的义项划分及描写如下：①动为了不忘记，用笔、纸、本子等把数据、事件、话语等写下来。②动把印象保持在脑子里：a. 脑海中保持着关于过去某人、某事或者某个地点的印象。b. 回想起曾经知道的某些事实或者信息。c. 记住某些需要特别强调的事情。d. 把将要做的事情记在心里。③名记载、描写事物的文字（多用于书名或篇名）。④名引起注意，帮助识别、记忆等的标志、记号。⑤名皮肤上生下来就有的深色的斑。⑥量多用于某些动作的次数。⑦素印章。⑧名事物经过后留下的痕迹。

第二节　心理动词“念”的义项划分及描写

在《现代汉语频率词典》中，“念”的使用度为77，在其所收录的使用度最高的前8000词中，“念”位于第1631位，在使用频率最高的前8000词中，“念”位于第1699位，可见“念”是使用频率较高的常用词。

本节通过构建“念”的平衡语料库并对其进行标注、分析，得出了现代汉语中“念”的义项分布情况，并运用框架语义学理论和转喻理论解释“念”的各义项产生的原因，以期为外向型汉语学习词典对“念”释义的优化提供参考。

一、"念"的平衡语料库的建立及标注

"念"在CCL语料库中共有142132条语料，我们下载"念"的全部语料并将其导入Excel表中建立"念"的总语料库，然后按一定比例从中抽取10000条语料建立"念"的平衡语料库并进行标注。具体语料抽样情况如表3–2所示。

表3–2 "念"的语料抽样统计表

二级分类	三级分类	四级分类	下载语料	抽样语料
当代	CWAC		4085	100
	口语		482	100
	史传		927	116
	应用文	中国政府白皮书	68	68
		健康养生	215	30
		法律文献	34	34
		社会科学	2911	180
		自然科学	685	122
		药方	19	19
		菜谱	9	9
		议论文	658	100
		词典	890	158
		说明书	31	31
	报刊	1994年报刊精选	12352	500
		人民日报	37630	1000
		作家文摘	4023	200
		市场报	1121	120
		故事会	43	43
		新华社	30432	1000
		读书	10862	500
		读者	3259	230
		青年文摘	32	32
	文学	大陆/内地作家	6081	1000
		台湾作家	1066	500

续表

二级分类	三级分类	四级分类	下载语料	抽样语料
当代	文学	香港作家	1901	450
	电视电影	非文艺	1708	500
		文艺	629	300
	相声小品		656	100
	网络语料		6057	500
	翻译作品	应用文	4947	500
		文学	6473	874
现代	戏剧		84	84
	文学		1762	500
合计			142132	10000

依次标注“念”的平衡语料库中的10000条语料，标注情况如下：

义项栏的标注：《现汉》收录了“念^1”“念^2”“念^3”3个字头共6个义项，我们依照《现汉》收录的各义项的顺序，分别标注为“1”“2”“3”“4”“5”“6”。在标注过程中，根据语料，我们发现了4个新义项，分别标注为“7”“8”“9”“10”。

在“念”的平衡语料库中，有人名语料144条，地名语料7条，其他专名语料31条，此外还有4条语料中的“念”为“廿”的大写。鉴于上述186条语料不会影响“念”的义项划分结果，我们不对其进行义项标注，也不做讨论。因此，该平衡语料库的有效语料为9814条。

二、时间性在“念”的场景划分中的作用

心理动词“念”是一个表示精神活动的词，应该根据其时间性特征划分场景。动词的时间性是由内在时间性和外在时间性两方面构成的完整系统。“念”在现代汉语中的义项与其外在时间结构产生的场景和内在时间结构产生的场景均存在密切关系。

（一）外在时间性在“念”的场景划分中的作用

根据“念”的外在时间性，“念”的场景可以分为表过去的时间场景、表

现在的时间场景和表将来的时间场景，“念”在不同的时间场景中会产生不同的义项。

（二）内在时间性在“念”的场景划分中的作用

“念”的一些义项与其外在时间结构无关，但又有先后发生的逻辑关系，体现一个完整的认知过程，这类义项只能从其内在时间性进行解释。

三、基于时间场景与论元结构的“念”的义项划分及描写

在“念”的平衡语料库中，“念 1”有 2 个动词性义项，“念 2”有 4 个动词性义项，这几个义项涉及心理域、言说域和行为域，显示了“念”从心理域到言说域再到行为域的词义演变路径。

“念”从心理认知义产生言语义的路径为组合同化与佛教发展。具体表现为：“最初‘念’与‘诵读’义语词共现，且心、口兼备的‘念诵’方式本就是念经、念佛等的修习之法，久之‘念’也可用于表示言说动词‘诵读’义且固定下来。组合同化后‘念’在唐代产生了较明确的言说动词义，宾语也从之前的‘佛’‘经’‘咒’扩展到一般的图书、文字等。到了唐宋时期，汉译佛法的发展要求‘念’从‘有心’的心理活动发展为‘有声’的外在表现形式，于是‘念’的‘心理活动’义隐退，‘口部动作’义突出。”（王金英，2021）综上所述，“念 2”就产生了新义项“动（看着文字）读出声音”。

（一）基于宾语现在时间场景的“念”的义项划分及描写

“念”的现在时间场景指的是“念”这一动作实际发生的场合，包含了“念”首先由“心理动词”引申到“言说动词”，再引申到“言语行为”的认知过程。具体而言，这一认知过程可表述为：首先感觉器官从外部环境中获得信息，接着通过大脑进行编辑，大脑编辑信息体现了“形—音—义”的认知过程，在此过程中，人脑选择的信息焦点不同，突显的论元就不同，“念”就会产生不同的义项。这一认知过程没有明显的外在时间顺序，但逻辑上蕴含着先后认知顺序，这便是“念”的内在时间性的表现。当“念”的客体论元为文章、卡片、决定、名单等具体信息时，“念”就有“读出声音”的意思，读出声音分为三种情况：

1. 动（看着文字）读出声音，让自己或者别人听到。

认知过程的第一步——“形”：在“形”的认知过程中，主体论元手中拿到承载文字信息的载体——卡片、名单、书籍等，因主客观原因需要让自己或别人听到文字内容，于是通过视觉器官将文字符号传递给大脑，大脑将其与已有符号信息进行匹配，确定符号读音，然后主体论元为了让自己或别人听到而读出声音。该义项在自建平衡语料库中共有1234条语料，其中突显目的论元的语料有959条，可见，看着文字读出声音的目的是让自己或别人听到。在“念”的语料库中，此时的客体论元主要为文章、卡片、决定、名单等，如“孙老师，你快往下念名单吧”。当主体论元需要经历“眼睛识别客体论元文字的形状→已识别的文字形状被传递给大脑→大脑依据已有的知识进行文字的‘形—音’关联→大脑控制口腔运动，‘读出声音’”这一过程将文字内容外化，最终实现使自己或别人能够听到的目的时，就产生了义项“动看着文字读出声音，让自己或别人听到”。

此义项在《现汉》中对应义项“读①”，即“动看着文字念出声音”。此义项突出了“念”的结果论元“出声音”和方式论元“看着文字”，虽然摆脱了传统的以词释词模式，但未能体现发音的目的。“读”的英语对应词“read”在《朗高》中的释义为“to say the words in a book, newspaper etc. so that people can hear them”，此义项突显了“读”的目的论元“so that people can hear them”。动词表示所涉事物的运动、变化过程，可从语义层面将这一过程分为几个相关因素，分别是动作的发出者、接收者、方式、结果、方向等，而《现汉》中“读①”的释义缺少目的论元。

此外，在“念”的平衡语料库中有420条语料体现出方式论元“看着文字”并非“念”这一动作过程中的必要元素，如“曹氏长跪不起，双手合十，又闭目祷念起来”。所以我们在《现汉》释义“读①：动看着文字念出声音”的基础上增加目的论元“让自己或者别人听到”，并把“看着文字”用圆括号括起来，表示其非必要性，最终将该义项描写为“动（看着文字）读出声音，让自己或者别人听到”。

通过考察语料，我们发现，有时主体论元（人）先前已经完成了前面三个过程，并且客体论元已经在大脑中留下深刻印象，但最后一个过程的动作——

“读出声音”，并未突显方式论元“看着文字”，而是突显目的论元“使自己或别人听到”，可以把“看着文字”用圆括号括起来，将该义项描写为“动（看着文字）读出声音，使自己或别人听到”。

该义项在“念”的平衡语料库中共有1234条语料，占比为12.34%。用例如下：

（1）她从口袋里掏呀掏的，掏出了那张皱皱的纸条，打开来，她慢吞吞地［念］：“不到最后关头，绝不轻言牺牲。……”（当代\文学\台湾作家\1986 琼瑶 聚散两依依）

（2）老师打开本子，开始按字母的顺序挨个［念］大家的名字。（当代\报刊\青年文摘\青年文摘2003人物版）

（3）【唱票】投票选举后，开票时大声［念］选票上的名字。（当代\应用文\词典\200x_estimated Author 现汉词典）

2.动发音：（用特定的念法）读出字母、词等的音。

认知过程的第二步——“音”：主体论元需要通过发音器官发出文字符号的音，以实现让自己或者别人听到的目的。而每个文字符号的音都有所不同，主体论元所采用的念法也就存在差异。此时，信息焦点为“念的方式”这一方式论元，客体论元为各类载体上的文字符号。

“念”的平衡语料库中存在以下情况：当主体论元为人，客体论元为某个字、词或字母时，“念”在句中常表示主体论元通过发音器官发出这个字、词或字母的正确读音。这与《现汉》中“读”的义项④“（字的）念法；读音”十分接近，不同的是，“念”此时在语料库中显示的词性为动词，而“读”表示义项“（字的）念法；读音”时在《现汉》中为不成词语素。

考察外向型英语词典后，我们发现“念”的该义项相当于《牛高》中“pronounce”的义项1“[T]pronounce sth. to make the sound of a word or letter in a particular way”及《朗高》中“pronounce”的义项1“[T]to make the sound of a letter, word etc., especially in the correct way”。两部英语词典都强调了方式论元“以……的方式”，同时也强调了客体论元“a word or letter”。无论是“word”还是“letter”，“pronounce”的目的都是发出“word”或者“letter”的读音。

因此，我们基于语料库并结合外向型英语词典有关释义设立了新义项“动发音：(用特定的念法) 读出字母、词等的音”。

该义项在“念”的平衡语料库中共有 105 条语料，占比为 1.05%。用例如下：

（4）说呀，这个，在牛街呀，“这个”，在牛街呀，“这个”，啊，他不［念］“这”，它［念］za，za，我说的是一般劳动人民，za，啊，“你”，“你”呀。（当代\口语\1982 童静娴 _ 马增志等 1982 年北京话调查资料）

（5）奇胖如猪的那个人就叫朱菲，倒过来［念］就成了“肥猪”。（当代\文学\台湾作家\1973 古龙 陆小凤传奇）

（6）甲：“再考你第二个字：这个‘门’字里边搁两个‘人’字［念］什么？”（当代\相声小品\中国传统相声大全）

3. 动看着文字，通过朗读或默读的方式理解文字的意思。

认知过程的第三步——“义”：主体论元“人”通过眼睛识别载体（客体论元）上的文字符号，并将其传递给大脑，大脑此时需要做的不再是建立“形—音”之间的联系，而是通过识别文字符号的形状提取其意义，从而帮助主体论元（人）理解此文字符号记录、表达和传递的信息，信息焦点为目的论元“理解并获取文字信息”。这时“念”就产生了义项“动看着文字并理解文字的意思”。

此义项对应的是《现汉》中“读”的义项②“阅读；看（文章）”。“读”的这个义项的英语对应词“read”在《牛高》中的释义为“to look at and understand the meaning of written or printed words or symbols”，在《朗高》中的释义为“to look at written words and understand what they mean”，在《柯高》中的释义为“VERB When you read something such as a book or article, you look at and understand the words that are written there”。可见，外向型英语词典都突显了目的论元“understand”，人们“读”文字的最终目的都是理解这些文字所代表的含义，获取其承载的信息。

此外，在“念”的平衡语料库中有 8 条语料涉及“默念”这一动作方式。如“现在静女士坐在书桌前，左手支颐，惘然默念”。“默念”指“念”的时候不发出声音。《牛高》中“read”的另一条释义“to go through written or printed words, etc. in silence or speaking them to other people”中也提到了“ in silence”这一方式论元，并将其与“ speaking them to other people”划分为同一个义项，即在此义项中突显的是方式论元“默读”和“朗读”，而不是目的论元“理解”。“默读”省去了发音动作，直接通过眼睛将文字符号传递给大脑，使大脑能够更快速地连贯思维，集中注意力对文字内容进行理解，从而更高效地获取信息。所以，“默读”应是基本的、常用的、有效的“阅读”方式。综上所述，设立有关上述现象的“念”的义项时需要将其方式论元“通过朗读或默读的方式”与目的论元“获取信息”描述清楚。因此，我们建议将该义项描写为“动看着文字，通过朗读或默读的方式理解文字的意思”。

该义项在自建语料库中共有 82 条语料，占总语料的 0.82%。用例如下：

（7）我想你是个喜欢阅读的人，我意思是张爱玲的《倾城之恋》你一定［念］过。（当代 \ 文学 \ 香港作家 \1996 梁凤仪 弄雪）

（8）吃过晚饭小铃儿陪着母亲，坐在灯底下［念］书。（现代 \ 文学 \1922 老舍 小铃儿）

综上，义项 1“动（看着文字）读出声音，让自己或者别人听到”衍生出义项 2“动发音：（用特定的念法）读出字母、词等的音”以及义项 3“动看着文字，通过朗读或默读的方式理解文字的意思”。

4. 动学习某学科或课程。

认知过程的第四步：看着文字，通过朗读或默读的方式理解文字的意思，从而系统地学习某学科或某课程。当主体论元为人，客体论元由载体上的文字转变为学科或课程的名称时，主体论元不是只需要理解文字所传达的信息，而是需要通过更深入的钻研、探索，寻求客体论元的内在规律、本质特征。因此，客体论元的变化导致主体论元所需要选择的行为活动发生改变，“念”就有了“学习某学科或课程”的意思。

在“念”的平衡语料库中存在一种情况：句子中主体论元为人，客体论元为“医科、心理学、经济、商贸”等学科或“现代音乐理论与制作课程”“公共行政及决策者课程”等课程，这时“念”这一动作往往表明主体论元需要对客体论元进行系统且深入的学习、理解与研究。“念”的英语对应词“ read”在《牛高》中的释义为“ SUBJECT AT UNIVERSITY[T,I](BrE, rather old-fashioned) to study a subject, especially at a university”，在《朗高》中的释义为“AT UNIVERSITY[I,T]BrE to study a subject at a university”。结合语料库并参考外向型英语词典，建议外向型汉语词典将“念”的这一义项描写为“动学习某学科或课程”。

该义项在“念”的平衡语料库中共有55条语料，占比为0.55%。用例如下：

（9）那是他们另有目标，志辉眼中一个皮球，大哥一心要[念]好医科，二哥……他要求很高，可能根本遇不上他喜欢的人。（当代\文学\香港作家\岑凯伦 蜜糖儿）

（10）别忘了，我也学医，我也[念]过心理学，这件事很危险，失忆症随时可能恢复！（当代\文学\台湾作家\琼瑶 聚散两依依）

（11）他们常有机会被送到美国哈佛大学继续[念]公共行政及决策者课程。（当代\报刊\读者\1995 Author《读者》_163）

5. 动多指学生学习知识。

认知过程的第五步：学习某学科或课程后，当主体论元多为学生，客体论元多为知识、书、大学等抽象信息时，义项“学习某学科或课程”通过转喻机制生成新义项“多指学生学习知识”。这会产生三种结果。

第一种结果：在某个地方学习。该义项在“念”的平衡语料库中共有125条语料，占比为1.25%。常用搭配为在某地念书，如念过历史研究所、念第十三班、念香港大学、念中文大学、念私塾等。用例如下：

（12）孙少勇是军队的医生，工作队员们说他是老革命，在西安[念]书就参加了地下党，已经有七八年党龄了。（当代\文学\大陆作家\2006 严歌苓 第九个寡妇）

（13）我觉得他们到外国去的人，你们能在台湾[念]大学，你们晓得你们害了多少人不能在台湾上大学？（当代\口语\对话\2000 李敖_等 李敖对话录_9）

第二种结果：正处于某一阶段的学习。客体论元多为大学、中学、小学、高中、初中。该义项在“念”的平衡语料库中共有199条语料，占比为1.99%。常用搭配如念小学三年级、念大学、念高中、念研究生等。用例如下：

（14）古代主张这种思想的代表人物有两个，这还是希尔德在［念］大学时所学到的。这两个人一个是韩非子，一个是马其维利。（当代\翻译作品\文学\1997 蔡美娟 银河英雄传说 03）

（15）就在陆宽即将［念］小学的前几天，我坐在他家客厅的一角，读一本杂志或什么的。（当代\文学\台湾作家\2003 张大春 聆听父亲）

第三种结果：学习的时长。客体论元多为半年、十年、十几年等时间段。该义项在“念”的平衡语料库中共有 200 条语料，占比为 2%。常用搭配如念了半年的书、念了 15 年书、念了三年多小学等。用例如下：

（16）我离开北京，然后到了上海［念］了半年的书就到了台湾，我对大陆，尤其对北京有了最完整的回忆。（当代\口语\对话\2001 李敖_等 李敖对话录_1）

（17）我这是个学生娃，头回出门，上大学哩！［念］了十几年的书，身子骨都熬坏了，大人没事，我怕他遭不了这个罪。（当代\报刊\青年文摘\2003《青年文摘》人物版）

该义项在《现汉》中对应的是“读③”，即“动指上学”，而《汉语大词典》[①] 中将此义项解释为“今多用以谓学生在校学习”。《汉语大词典》的释义遵循了句子释义的原则，补充了主体论元“学生”和场所论元“学校”，但从句子完整性考虑，此义项缺少客体论元，即学习什么。结合语料库实际情况和日常生活经验可知，学生在学校主要是学习知识，所以我们将“读③：动指上学”重新描写为“动多指学生学习知识：a. 在某地。b. 在某一阶段。c. 学习时长”。

以“念”的言语义所涉及的论元典型性而言，“念”的典型论元有施事论元、受事论元，次典型论元有场所论元，其他类型论元有范围论元、时间论元。这些论元都围绕“学生在上课”这一情景展开。当说到“上课”时，人们头脑中总会想到“上课地点在哪里”“上课的内容是哪一个年级的”“学生学了几年了”等问题，于是这些问题的答案成了人们关注的焦点。当地点（即处所论元）成为焦点时，“念”就产生了“在某个地方学习”之义；当学生所在年级为焦点

① 《汉语大词典》由罗竹风主编，中国汉语大词典编辑委员会、汉语大词典编纂处编纂。全书共 12 卷。笔者撰写本书时受多种因素影响，未能使用纸质词典，而是使用了《汉语大词典》的手机 APP。

时，此时突显的是范围论元，则产生了“正处于某一阶段的学习”之义；当表示学生学了几年时，时间论元得以突显，于是产生了“学习的时长”之义。

章宜华（2004）指出：“义项既要区分清楚，也要表述清楚。表述时首先要标示出特定词类，然后进行标注。可以使用线性标注（把小义项或次义项在同一个层面上进行线性排列）的方法进行划分。”因此，我们在改写“念[2]”的“读③：动指上学”这一义项时，将其展示为义项群的形式：“动多指学生学习知识：a. 在某个地方学习。b. 正处于某一阶段的学习。c. 学习的时长。”

（二）基于宾语过去时间场景的“念”的义项划分及描写

以“现在”为基点，“念”的过去时间场景可分为两类：一类表示怀念、想念过去的人，一类表示回忆、回想过去发生的事件。围绕这两类时间场景，“念”产生了以下两个义项：

6. 动想念；怀念：a. 思念亲人或过去认识的人。b. 回忆过去发生的事件。

（1）当主体论元为游子、母亲、妻子、孩子等个人或群体，客体论元为长时间未见或已逝世的亲人或认识的人时，“念”的意思为《现汉》中已有义项①“想念”，如“你回来得正好，娘正念着你呢”。这时可以为该义项设立导航词“想念；怀念”，将该义项描写为“想念；怀念：a. 思念亲人或过去认识的人”。

该义项在“念”的平衡语料库中共有 1793 条语料，占比为 17.93%。该义项构成的复合词有思念、想念、悼念、惦念等。用例如下：

（18）谨以此文悼［念］许国璋教授。（当代\应用文\议论文\1995 徐赳赳 话语分析二十年）

（19）一定是小许牵［念］她。（当代\文学\香港作家\1996 亦舒 红尘）

（2）当主体论元多为人（往往是个体），客体论元多为过去发生的事情时，“念”就产生了新义项“回忆过去发生的事件”。这时可以为该义项设立导航词“想念；怀念”，将该义项描写为“想念；怀念：b. 回忆过去发生的事件”。

该义项在“念”的平衡语料库中共有 1175 条语料，占比为 11.75%。该义项构成的复合词有纪念、怀念、挂念、想念等。用例如下：

（20）他想［念］家乡的蓝天、白云、奔马、牛羊，甚至想起牧归时百鸟惊

飞的场景。（当代 \ 报刊 \ 报刊精选 \1994 年《报刊精选》01）

（21）我发现很多公司啊，那些员工啊，做了几年之后，都开始怀［念］刚刚公司创业的那段时间的快乐。（当代 \ 口语 \ 对话 \2010_5_29 梁冬 _ 王东岳等梁冬对话王东岳文字版 _7）

综上，建议将“念”的该义项描写为“动想念；怀念：a. 思念亲人或过去认识的人。b. 回忆过去发生的事件”。

（三）基于宾语将来时间场景的“念”的义项划分及描写

“念”表将来的时间场景是以“现在”为基点推导出来的，在该场景中，“念”的对象多为尚未发生的事件。

7. 动想到；考虑到：（尤指为做出决定）考虑与某人或某事有关的重要因素。

“念”有时表示“当主体论元需要对客体论元采取某一行动时，常常会因为想到或考虑到与客体论元有关的某一重要因素而放弃最初计划的行动，甚至采取与之相反的行动”的含义。这时主体论元多为个人或群体（如老师、学生、企业、政府等），客体论元多为事件，如“念及赚钱轻松”。我们在考察汉语词典对“念”的释义时，发现《现规》中“念”的第二个义项“动考虑”符合语料库中的标注情况，但这种以词释词的释义方式不能精确解释“念”的含义。其对应英语词“consider”在《牛高》中的释义为“[I,T]to think about sth. carefully, especially in order to make a decision”，为释义增加了目的论元“in order to make a decision”。综上所述，我们将这一新义项描写为“动想到；考虑到：（尤指为做出决定）考虑与某人或某事有关的重要因素”。

该义项在“念”的平衡语料库中共有 140 条语料，占比为 1.4%。用例如下：

（22）就在走投无路的当口，我碰见了起轩的爷爷，他同情我的遭遇，又［念］在同是本家的分上而收留了我。（当代 \ 文学 \ 台湾作家 \1993 琼瑶 鬼丈夫）

（23）我原来［念］及一些旧情，本来还想养养谢荣山，让他坐几年牢就可以了。（当代 \ 电视电影 \ 文艺 \2008 杨银波 中国的主人）

（24）有些原以为是到娱乐场所干服务员，涉足后虽发现与“服务员”大相径庭，但［念］及赚钱轻松快捷，也便甘之若饴。（当代 \ 报刊 \ 报刊精选 \1994 年《报刊精选》06）

8. 名内心对某事的想法或打算。

考虑之后，会产生一个结果，即对此事件的想法或打算，主体论元为做出决定而考虑与某人或某事有关的重要因素，通过转喻机制突显考虑的结果论元，从而形成义项“名对某事的想法或打算”，如“杂念”“一念之差”。该义项对应《现汉》中“念[1]”的义项②“念头”，《现汉》不仅采用了以词释词的方式，而且也未标注词性。我们考察了国内其他汉语词典对“念”的释义，发现《现规》中的释义为“内心的想法或打算”。“念头”义对应的英语词“ thought”在《朗高》中的释义为“ IDEAS/OPINIONS thoughts [plural] a person’s ideas or opinions about something”，该义项不仅提到了“念头”的主体论元“人”，还涉及客体论元“某事”，比《现汉》的释义更加完整精确。艾红娟、李仕春（2020）指出，古人因当时医学不发达，误以为“心”掌控着人的思想、感情等意识，进而把心当作思维器官。现在人们虽明确了“心”“脑”各自的功能，但仍然沿袭古法将“心”当作思维器官。根据描述性话语释义原则，参考《现规》中“念”与《朗高》中“ thought”的释义，我们建议外向型汉语学习词典将义项“念头”描写为“名内心对某事的想法或打算”。

该义项在“念”的平衡语料库中共有 4705 条语料，占比为 47.05%。该义项构成的复合词有观念、信念、理念、念头、私念、俗念、万念俱灰等。用例如下：

（25）想到这里，描红不禁万［念］俱灰。（当代\文学\香港作家\1989 亦舒 七姐妹）

（26）不过，田亮转［念］一想，今天求婚失败，立刻就翻了脸，那未免有失君子风度。（当代\文学\香港作家\1988 岑凯伦 合家欢）

（27）得知外地某单位通过工商银行给办事处汇来 10 万元，即起盗窃支票取款的歹［念］。（当代\应用文\法律文献\199x Author 司法案例）

四、结语

综上，我们建议外向型汉语学习词典将“念”的义项划分及描写如下：①动（看着文字）读出声音，让自己或者别人听到。②动发音：（用特定的念法）读出字母、词等的音。③动看着文字，通过朗读或默读的方式理解文字的意思。④动学习某学科或课程。⑤动多指学生学习知识：a. 在某个地方学习。b. 正处于某一阶段的学习。c. 学习的时长。⑥动想念；怀念：a. 思念亲人或过去认识的人。b. 回忆过去发生的事件。⑦动想到；考虑到：（尤指为做出决定）考虑与某人或某事有关的重要因素。⑧名内心对某事的想法或打算。

第三节　心理动词“忆”的义项划分及描写

近年来，有不少学者结合语料库技术对词典的释义进行献疑和补充，这些研究为词典编纂的进一步完善提供了参考，但有些研究对新义项产生机制的描述以及理论依据不够充分。如“忆”在《现汉》中只有一个义项，即“回想；记得”，通过分析“忆”的语料，我们发现“回想；记得”这一义项并不能解释所有语料中“忆”的意思。“忆”作为心理动词，有其自身的复杂性。随着社会的发展，“忆”在使用过程中也会出现新的变化，这些都会给其释义带来挑战。因此，本节运用语料库技术，结合“忆”的时间性特征与论元结构，对“忆”的义项进行重新划分与描写，以期为外向型汉语学习词典中“忆”的义项划分及描写提供参考。

一、“忆”的平衡语料库的建立及标注

“忆”在CCL语料库中共有30073条语料，我们下载“忆”的全部语料并将其导入Excel表中建立“忆”的总语料库，然后按一定比例从中抽取10000条语料建立“忆”的平衡语料库并进行标注。具体语料抽样情况如表3–3所示。

表3–3　“忆”的语料抽样统计表

二级分类	三级分类	四级分类	下载语料	抽样语料
当代	CWAC		350	280
	口语		117	117
	史传		373	313
	应用文	中国政府白皮书	4	4
		健康养生	135	100

续表

二级分类	三级分类	四级分类	下载语料	抽样语料
当代	应用文	法律文献	1	1
		社会科学	502	400
		自然科学	155	100
		药方	11	11
		菜谱	4	4
		议论文	32	32
		词典	140	100
		说明书	14	14
	报刊	1994 年报刊精选	1694	565
		人民日报	4828	715
		作家文摘	1968	750
		市场报	193	100
		故事会	8	8
		新华社	4252	760
		读书	3968	800
		读者	1675	700
		青年文摘	19	19
	文学	大陆 / 内地作家	2191	830
		台湾作家	328	300
		香港作家	254	220
	电视电影	非文艺	244	200
		文艺	120	120
	相声小品		26	26
	网络语料		1682	700
	翻译作品	应用文	1035	500
		文学	3155	800
现代	戏剧		11	11
	文学		584	400
合计			30073	10000

在“忆”的平衡语料库中，我们除了对义项和复合词进行标注外，还会对专名（如人名、机构名等）进行标注，这类专名共454条语料，约占总语料的4.5%。我们对专名不做讨论。

二、时间性在“忆”的场景划分中的作用

“忆”是心理动词，可以根据其时间性特征划分场景。动词时间性是由内在时间性和外在时间性两方面构成的完整系统。“忆”在现代汉语中的义项与其外在时间结构产生的场景和内在时间结构产生的场景均存在密切关系。

（一）外在时间性在“忆”的场景划分中的作用

根据“忆”的外在时间性，“忆”的场景可以分为表示过去的时间场景和表示现在的时间场景，“忆”在不同的时间场景中会产生不同的义项。

（二）内在时间性在“忆”的场景划分中的作用

“忆”的一些义项与其外在时间结构无关，但又有先后发生的逻辑关系，体现一个完整的认知过程，这类义项只能从其内在时间性进行解释。

三、基于时间场景与论元结构的“忆”的义项划分及描写

在解释“忆”的义项成因时，首先要建立“忆”的场景，然后分析它的论元结构。因此，本节主要结合时间场景理论和论元结构理论对“忆”在现代汉语中的义项进行重新划分与描写。

（一）基于宾语现在时间场景的“忆”的义项划分及描写

1. 动记得：将材料、信息等留在脑海中，记住不忘。

当主体论元是人，侧重于将所记的客体论元（材料、信息、事件等）长久保存于脑海中时，“忆”的意思相当于《现汉》中的义项“记得”。《现汉》采取以词释词的方式，不利于词典用户的理解，因此，结合语料，我们建议增加对象论元“材料、信息”、场所论元“在脑海中”、超级论元“不忘”，将该义项描写为“动记得：将材料、信息等留在脑海中，记住不忘”。

该义项在“忆”的平衡语料库中共有1166条语料，占总数的11.66%。该

义项构成的复合词有记忆、记忆力等。用例如下：

（1）这种课本，名叫《三字经》，每句三个字，偶句押韵，朗诵起来便于记［忆］。（当代\应用文\社会科学\1985 涂又光 中国哲学简史）

（2）“娃哈哈”三字中的元音a，是孩子最早最易发的音，极易模仿，且发音响亮，音韵和谐，容易记［忆］，因而容易被他们所接受。（当代\报刊\报刊精选\1994年《报刊精选》01）

（3）特鲁希略认为，老年痴呆症患者丧失记［忆］力的原因之一是脑部胆碱激素数量的大量减少。（当代\报刊\新华社\新华社2004年9月新闻报道）

（4）株机妇闻［忆］之在心，豫掩一灯，藏着屏处。（当代\应用文\议论文\1995 刘坚_曹广顺_吴福祥 论诱发汉语词汇语法化的若干因素）

（二）基于宾语过去时间场景的“忆”的义项划分及描写

2. 动回想：大脑中再现某人或某事经过的活动（含想念之意）。

以“现在”为基点，“忆”的过去时间场景主体论元是人，客体论元为过去的信息、事件、人等，强调的是人努力提取储存于脑海中的过往的一切这一过程，侧重主体论元。该义项对应《现汉》中的义项“回想”。我们在《现汉》释义的基础上增加场所论元“大脑中”和客体论元“某人或某事经过的活动”，将该义项描写为“动回想：大脑中再现某人或某事经过的活动（含想念之意）”。根据客体论元侧重点的不同，这一义项包含了两种情况：

第一种情况：主体论元为人，客体论元为印象深刻的人，“忆”的意思为“回想并想念过去的人”。该义项构成的复合词有长相忆、忆周恩来、忆烈士等。用例如下：

（5）作者乃借以反复强调吾国诗词之作的特点。如解“玉楼明月长相［忆］”一首，便道，飞卿只知体贴女子，并没有懂得现代文法。（当代\报刊\读书\vol-138）

（6）随H君同住山中，H君中年意兴之佳，对我们慈爱之厚，是值得永永［忆］念的。（现代\文学\1930 俞平伯 冬晚的别）

（7）（国际）欧盟呼吁美国向以色列施压（国际）通讯：鲜花寄哀思 涛声［忆］故人——巴厘岛纪念遭受恐怖爆炸袭击一周年（国际）新闻分析。（当代\

报刊 \ 新华社 \ 新华社 2003 年 10 月新闻报道）

第二种情况：主体论元为人，客体论元大多指能够回想起来的过往事物的细节。《柯高》中“ recall”也有类似释义：“ when you recall something, you remember it and tell others about it”。此时“忆”的意思为“回想某事的细节并使他人知道”，如“据他回忆”“忆述着他的故事”。用例如下：

（8）据梅屋夫人回［忆］说，孙中山曾向她表示：“我自从遇到庆龄，才知道什么叫爱。”（当代 \ 口语 \ 对话 \200x 林思云 _ 马悲鸣 _ 等 策马入林——林思云、马悲鸣对话中国近代史）

（9）无论是各地的庆祝活动，还是老人们的深情回［忆］，或是对毛泽东思想的理论总结，都折射出毛泽东对当代中国的巨大影响。（当代 \ 报刊 \ 新华社 \ 新华社 2003 年 12 月新闻报道）

（10）说话带北京口音的赵复中［忆］述着他的故事。（当代 \ 报刊 \ 新华社 \ 新华社 2004 年 8 月新闻报道）

通过细致分析汉英词典，我们发现《牛高》《柯高》根据“ recall”所包含的情况对义项进行了细分，但外向型汉语学习词典未根据“忆”所包含的情况对义项进行细分。我们依据“回想：大脑中再现某人或某事经过的活动（含想念之意）”包含的情况进行义项划分，建立了“回想并想念过去的人”“回想某事的细节并使他人知道”两个子义项。

该义项在“忆”的平衡语料库中共有 3826 条语料，占总数的 38.26%。

3. 名保持在脑子里的过去事物的印象。

隐喻与转喻理论可以帮助我们分析“忆”新义项的产生机制。从隐喻的认知域看，《现汉》中的“回想；记得”属于一个动态认知域，“保持在脑子里的过去事物的印象”则是“回想；记得”这个动态认知域向静态认知域的投射，动词演变成了名词，于是产生了“保持在脑子里的过去事物的印象”义，形成了同一语义结构框架下的不同词类。可见，义项“名保持在脑子里的过去事物的印象”是义项“动回想；记得”语法隐喻的结果。

该义项在“忆”的平衡语料库中共有 3498 条语料，占总数的 34.98%。该义项构成的复合词有失忆、杂忆、忆念、回忆、记忆、回忆录等。用例如下：

（11）几十年、几百年的时光都何其迅速短暂，两千年已转身成［忆］，未

来的岁月也终将褪为沉暮的过去。（当代\报刊\人民日报\2000年人民日报）

（12）年纪小一点的人，载多悲哀的回［忆］，他将不能再吹笛了！（当代\文学\1926 沈从文 生之记录）

（13）旧时的朋友、环境都不是当年了，你那些美好的回［忆］还在过去。近乡情怯，你会觉得有必要吗？（当代\口语\对话\2000 李敖_等 李敖对话录_25）

（14）我们这些人，一生中相见的机会太少了，这聚会将成为最美好的［忆］念。（当代\报刊\读者\1991 Author《读者》_116）

4. 名记忆或回忆所及的时期和范围。

该义项可以参照英语对应词“memory”在《牛高》中的释义“the period of time that sb. is able to remember events”。人在大脑中储存了所记住的关于过去的内容，根据不同的需要，大脑会提取与之相关的部分。该义项侧重于大脑中承载过去的场所，即从该场所中能提取出的某事所及的时期或范围。

该义项在“忆”的平衡语料库中共有819条语料，占总数的8.19%。该义项构成的复合词有记忆、回忆等。用例如下：

（15）［忆］中的人物山河已不是整个儿的原件，只是经过非意识的渗滤，合于我们胃口的一部分，仅仅一小部分的选本。（现代\文学\1930 俞平伯 身后名）

（16）令他面红耳赤、忐忑不安的那几个小时，一直深深留在他的记［忆］里，直到现在还常常提及。（当代\报刊\报刊精选\1994年《报刊精选》10）

（17）至于爸爸，她没看到他的脸，回［忆］里只留下他宽厚的肩膀和颈背上的发脚。（当代\文学\香港作家\2008 张小娴 交换星夜的女孩）

再从转喻的范畴来看，“名保持在脑子里的过去事物的印象”属于抽象的整体范畴，泛指所有记在脑子里的过去的一切，包含人类大脑活动从开始到结束的所有时段。“名记忆或回忆所及的时期和范围”可以看成是“保持在脑子里的过去事物的印象”这个抽象整体的一个次域，人保持在脑子里的关于过去事物的印象是有时限及范围的，所以义项“记忆或回忆所及的时期和范围”与义项“保持在脑子里的过去事物的印象”具有相关性，是转喻的结果。

5. 名物体所展现的过去的痕迹。

该义项在“忆”的平衡语料库中共有82条语料，占总数的0.82%。该义项构成的复合词有记忆、回忆等。用例如下：

（18）一座座楼堂馆所拔地而起，一片片先人遗址销声匿迹，让城市失去了记［忆］。（当代\报刊\人民日报\rmrb_2000_06）

（19）这树是在大灾变中倒下的，树的记［忆］在一圈圈年轮中渐渐消逝，除了最后的那些。（当代\翻译作品\文学\2001 朱学恒 龙枪短篇故事集）

（20）船身因刻满了拼搏的痛苦与欢乐，渗透了爱与恨的回［忆］而显示出一种令人心颤的陈旧之美。（当代\报刊\读者\1993 Author《读者》_146）

以相似为基础的隐喻映射是词义衍生的基础。义项“名物体所展现的过去的痕迹”的主体论元是非人的物体，这些物体具有和人相似的记忆功能，也能将过去的东西保存下来，如上面例句中树的记忆、城市的记忆。树和城市都不是人类的大脑，而是一个可以承载过去事物的空间，这些空间里展示的过去的痕迹和“保持在脑子里的过去事物的印象”相似，都能供人们去“回想”或“记得”，“忆”可以描述该语境中所需要的语义。因此，“忆”的“名物体所展现的过去的痕迹”义项是“名保持在脑子里的过去事物的印象”这一义项的隐喻义项。

四、结语

综上，我们建议外向型汉语学习词典对“忆”的义项划分及描写如下：①动记得：将材料、信息等留在脑海中，记住不忘。②动回想：大脑中再现某人或某事经过的活动（含想念之意）。a. 回想并想念过去的人。b. 回想某事的细节并使他人知道。③名保持在脑子里的过去事物的印象。④名记忆或回忆所及的时期和范围。⑤名物体所展现的过去的痕迹。

第四节　心理动词“忘”的义项划分及描写

在释义方式方面，汉语词典中“忘”的释义以以词释词为主，这样的释义方式虽然简短精练，但要求汉语学习者具备较强的语感与较多的词汇储备，若学习者语感不强且词汇量有限，则很难理解被释词。而英语词典的释义方式多为以句子或者短语释义，能够有效帮助学习者理解被释词的含义。

一、“忘”的平衡语料库的建立及标注

“忘”在 CCL 语料库中共有 52525 条语料，我们下载“忘”的全部语料并将其导入 Excel 表中建立“忘”的总语料库，然后按照一定比例从中抽取 10000 条语料建立“忘”的平衡语料库并进行标注。具体的语料抽样情况如表 3-4 所示。

表 3-4 “忘”的语料抽样统计表

二级分类	三级分类	四级分类	下载语料	抽样语料
当代	CWAC		168	98
	口语		159	100
	史传		469	100
	应用文	中国政府白皮书	19	19
		健康养生	145	76
		法律文献	4	4
		社会科学	647	430
		自然科学	129	88
		药方	44	44
		菜谱	28	28
		议论文	63	63
		词典	389	100
		说明书	45	45
	报刊	1994 年报刊精选	3546	356
		人民日报	11020	1000
		作家文摘	2373	386
		市场报	415	100
		故事会	41	41
		新华社	7063	800
		读书	3355	502
		读者	2647	500
		青年文摘	35	35

续表

二级分类	三级分类	四级分类	下载语料	抽样语料
当代	文学	大陆 / 内地作家	5447	999
		台湾作家	1096	500
		香港作家	1053	500
	电视电影	非文艺	335	100
		文艺	574	385
	相声小品		262	100
	网络语料		2235	100
	翻译作品	应用文	1426	400
		文学	5427	1000
现代	戏剧		181	100
	文学		1685	500
合计			52525	10000

依次标注“忘”的平衡语料库中的10000条语料，标注情况如下：

义项栏的标注：《现汉》中“忘”只有一个义项“忘记”，我们将其标注为“1”。在标注过程中，根据语料，我们发现了5个新义项，分别标注为“2”“3”“4”“5”“6”。

在“忘”的平衡语料库专名中无“地名”和“人名”项，“其他专名”中包含“店名”“商标名”“景点名”“机构名”共40条语料，占总语料的0.40%。这40条语料对“忘”的义项划分及描写没有研究价值，所以我们未对其进行义项标注与分析，在此不做讨论。因此，该平衡语料库的有效语料为9960条。

二、时间性在“忘”的场景划分中的作用

“忘”是一个表示精神活动的词，应该根据其时间性特征划分场景。动词时间性是由内在时间性和外在时间性两方面构成的完整系统，“忘”在现代汉语中的义项与其外在时间结构产生的场景和内在时间结构产生的场景均存在密切关系。

（一）外在时间性在“忘”的场景划分中的作用

“忘”的外在时间性表现在“忘”能够表现出一个时间流逝的过程，即分过去、现在两个时间段。根据“忘”的外在时间性，“忘”的场景可以分为表示过去的时间场景、表示现在的时间场景和表示将来的时间场景。“忘”在不同的时间场景中会产生不同的义项。

（二）内在时间性在“忘”的场景划分中的作用

“忘”的一些义项与其外在时间结构无关，但又有先后发生的逻辑关系，体现一个完整的认知过程，这类义项只能从其内在时间性进行解释。

三、基于时间场景与论元结构的“忘”的义项划分及描写

（一）基于宾语现在时间场景的“忘”的义项划分及描写

“忘”的现在时间场景就是“忘”这一动作实际发生时的场景。“忘”的过去时间场景是以现在时间场景为基础发展而来的。“忘”的现在时间场景可以叙述为：大脑通过感觉器官从外部环境中获得信息，接着对这些信息进行编辑，产生各类心理活动，这些心理活动就构成了一个完整的认知过程，这就是记忆的产生。随着时间的推移，这个认知结构会变模糊或消失，这就完成了从记忆到忘记的整个认知过程。

这一认知过程包括以下两步：第一步，大脑通过感觉器官感知到各类信息，发出指令刺激大脑做出反应，如全身心地投入到某件事中，以至于没有注意到其他人或事；第二步，没有注意到其他人或事之后，也就没有给后述对象应有的重视；第三步，没有给后述对象应有的重视之后，不把某人或某事放在心上；第四步，不把某人或某事放在心上之后，（主观上）就停止想某人或某事；第五步，停止想某人某事后，就会舍弃某人或某事。这一认知过程没有明显的外在时间顺序，但蕴含了逻辑上的认知先后顺序，这便是“忘”的内在时间性特征。根据这种内在时间性特征，“忘”的义项可以做如下划分：

1. 动忽略；忽视：a. 全身心地投入到某件事中，以至于没有注意到其他人或事。b. 没有给后述对象应有的重视。c. 不把某人或某事放在心上。d.（主观

上）停止想，不再想某人或某事。e. 舍弃某人或某事。

认知过程的第一步：主体论元“人”全身心地投入到工作中，以至于没有注意到其他人或事，从而形成义项“动忽略；忽视”的子义项 a“全身心地投入到某件事中，以至于没有注意到其他人或事”。该义项强调受客观因素影响沉浸于某事而没有注意到其他事。

该义项在“忘”的平衡语料库中共有 159 条语料，占比为 1.59%。该义项构成的复合词有忘情、忘我、忘神、忘我工作等。用例如下：

（1）他在这高深而又神秘的微观世界里［忘］情地漫游了十几个年头，以其独具创造性的研究成果，深得唐教授和同行的认可。（当代 \ 报刊 \ 人民日报 \ rmrb_1995_10）

（2）乐梅反正没事，又看小佩正玩得浑然［忘］我，就踱向那古董摊子，随意欣赏着那些琳琅满目的古玩玉器。（当代 \ 文学 \ 台湾作家 \1993 琼瑶 鬼丈夫）

（3）在当今时代，当每个个体的自身利益正以各种方式觉醒并得到社会承认的时候，北极探险就更需要一种［忘］我精神和崇高追求。（当代 \ 报刊 \ 人民日报 \rmrb_1995_10）

认知过程的第二步：由主体论元“人”全身心地投入到某件事中，而没有注意到其他人或事，发展出“没有给后述对象应有的重视”义，从而形成子义项 b“没有给后述对象应有的重视”，主要体现为人们对于某人或某物没有给予一定的重视，此义项对应的英文词“neglect”在《柯高》中的释义为：“neglect (neglects, neglecting, neglected) VERB If you neglect someone or something, you fail to look after them properly.[v n] The woman denied that she had neglected her child. [v n] Feed plants and they grow, neglect them and they suffer.[v-ed] an ancient and neglected church.”“忘”本指具体可观的“忘记某些事物”，通过隐喻映射出抽象意义“对某事物的态度”，因而产生子义项 b“没有给后述对象应有的重视”。

该义项在“忘”的平衡语料库中共有 157 条语料，占比为 1.57%。该义项构成的复合词有得意忘象、忘记等。用例如下：

（4）【得意［忘］象】谓只取其精神而无视其形式。（当代 \ 应用文 \ 词典 \ 2002 鸽子树 中国成语大辞典 _ 条目）

（5）时常，他在谈话间因为疲倦而停了下来，双目久久地凝视远方的天边，嘴角漾出那种高傲的微笑，根本［忘］记了笔者还在他身旁。（当代\报刊\作家文摘\1993 年 1—6 月《作家文摘》）

认知过程的第三步：当侧重于主体论元“人”对客体论元“信息、数据、话语、人物、时间等”主观上不放在心上时，“忘”的含义主要体现为难以忘怀，由此产生子义项 c“不把某人或某事放在心上”。该义项对应《朗高》中“ forget”的释义“ *NOT CARE ABOUT* [I,T] to not care about or give attention to someone or something any longer：**[+about]** Don’t forget about your old friends when you go off to college,okay?|You can’t afford to forget your relationship with your husband”。不同于子义项 a，该义项突显主观上不把某人或某事放在心上。

该义项在“忘”的平衡语料库中共有 341 条语料，占比为 3.41%。该义项构成的复合词有忘怀、念念不忘、恋恋不忘、忘情、刻刻不忘、忘掉、忘却、记功忘失等。用例如下：

（6）更确切地说，那双目光是捕到了令他一辈子都不能［忘］怀的另一双目光：被抓获的两个人跪在地上，其中的一个人抬起头来。（当代\口语\对话\女记者与大毒枭刘招华面对面）

（7）我们看不清彼此的面目，不知道对方的来历，我们会暂时［忘］却了羞耻顾忌，将我们那颗赤裸裸的心，挖出来，捧在手上互相观看。（当代\文学\台湾作家\1983 白先勇 孽子）

（8）他们的记忆非常烦琐，他们的谈话又重复不尽，而他们永不会［忘］情于那些过去的好年月。（现代\文学\1935 李广田 上马石）

认知过程的第四步：当主体论元为人，客体论元为主体论元所知道的某人或某事，但主体论元“人”不把某人或某事放在心上后，“忘”就有了“（主观上）停止想，不再想某人或某事”的意思，于是产生了子义项 d“（主观上）停止想，不再想某人或某事”。

子义项 d 突显的是主观上“忘”这一特定动作，主要体现的是主观上去“忘”掉某些人或事。该义项在《朗高》中的释义为“ *STOP THINKING ABOUT* [I,T] to stop thinking or worrying about someone or something: Forget him, he’s not worth it”。

该义项在“忘”的平衡语料库中共有134条语料，占比为1.34%。该义项构成的复合词有坐忘、念念不忘、忘掉等。用例如下：

（9）葡萄等他把她搁在条桌上，把她罩在他身子下，她才什么都［忘］了。黑灯瞎火可真美，她管他是谁，她身子喜欢就行。（当代\文学\大陆作家\2006 严歌苓 第九个寡妇）

（10）一位大学生因在中学时受过处分，总对这事念念不［忘］，当自己遇到困难受到挫折时，就认为自己是不是“本来就是坏学生，不配上大学”。（当代\应用文\社会科学\1992 王登峰 _ 张伯源 大学生心理卫生与咨询）

（11）只是上班以后，工作逼在那里，还得同人打交道，她才开始说笑，［忘］掉自己，得点排解。（当代\文学\1990 高行健 灵山）

认知过程的第五步：主体论元“人”停止想某人或某事后，“忘”的主体论元“人”就舍弃了客体论元“人或事物”，“忘”便有了子义项e“舍弃某人或某事物”，如贫贱之知不可忘、糟糠之妻不可忘、得意忘形。

该义项在“忘”的平衡语料库中共有260条语料，占比为2.6%。该义项构成的复合词有忘了自我、忘我精神、见利忘义、忘恩负义、得意忘形等。用例如下：

（12）只有推崇集体主义文化让每个人都［忘］了自我，才能让那些人格化了的隐形金融合约有得以实现的基础。（当代\CWAC\CFB0150）

（13）在许多情况下，也需要一种“舍小家，顾大家”的［忘］我精神。当外敌入侵时，我们应该舍弃个人的一切，去保家卫国。（当代\CWAC\CEB0133）

（14）能够通过普遍模仿检验的策略、制度和价值观就被证明是普遍有效的好事。自私自利、见利［忘］义、忘恩负义、乘人之危、落井下石、姑息养奸之类的行为就经不起普遍模仿。（当代\CWAC\APJ0059）

（二）基于宾语过去时间场景的“忘”的义项划分及描写

2.动忘记：a.无法回忆起在大脑中留下记忆的信息、事实、人、事等。b.把某人或某物遗漏在了某地（没有带需要的人或事物）。

“忘”的主体论元为人，客体论元为言语、事件、事实、理论、数据、信息、经验等，且语义侧重于纯粹无法回忆起在大脑中留下记忆的信息、事实、人、事等，这时“忘”就有了“无法回忆起在大脑中留下记忆的信息、事实、人、事等”的意思。该义项在《现汉》中被描写为“忘记”，在《朗高》中对应“ forget”的义项 1 “ FACTS/INFORMATION[I,T] to not remember facts, information, or people or things from the past”。结合“忘”在语料库中的分布情况，增加对象论元“信息、事实、人、事”、场所论元“在大脑中”，便生成了“忘记”的子义项 a “无法回忆起在大脑中留下记忆的信息、事实、人、事等”。

该义项在“忘”的平衡语料库中共有 8909 条语料，占比为 89.09%。该义项构成的复合词有忘却、遗忘、难忘、忘不掉、忘记、健忘等。用例如下：

（15）那些个过分温暖的晚春的夜晚难以［忘］却。（当代 \ 文学 \ 大陆作家 \ 1991 廉声 月色狰狞）

（16）“别［忘］了毕洛克西。”乔丹警告她，“你是在哪儿认识他的，汤姆？”（当代 \ 翻译作品 \ 文学 \ 了不起的盖茨比）

（17）莎拉波娃在感谢观众的同时，没有［忘］记自己的母亲。她说：“此刻，妈妈一定在电视机前看着我。”（当代 \ 报刊 \ 新华社 \ 新华社 2004 年 11 月新闻报道）

主体论元“人”对客体论元“信息、数据、话语、人物、事件等”进行主观感知，语义侧重于在现在时间场景中主体论元对客体论元的忽略，忽略后人的头脑中已知的信息消失不见，由此产生了子义项 b “人们把某人或某物遗漏在某地”。该义项在《朗高》中的释义为：“ LEAVE STH SOMEWHERE. [T] to not remember to bring something that you need with you: forget your keys, money/cigarettes etc. Oh no, I've forgotten my wallet.” 结合对语料库的考察，子义项 b 可以改写成“把某人或某物遗漏在了某地（没有带需要的人或事物）”。

该义项在“忘”的平衡语料库中共有 147 条语料，占比为 1.47%。用例如下：

（18）晚上，我如约来到一座住宅小区，当然了，我没［忘］了带一些礼品。我知道，不能空着手求人办事。（当代 \ 史传 \2005 卞庆奎 中国北漂艺人生存实录）

（19）奶奶在这里把块绢子［忘］了去，不知可在这里没有？（当代 \ 应用文 \ 议论文 \1996 徐正考 清代汉语选择疑问句系统）

（20）将他人的遗［忘］物或者埋藏物非法占为己有。（当代 \ 应用文 \ 法律文献 \1982 Author 法律条文 1）

上述分析反映了“忘”的过去时间场景的两种情况：一种是忘记了过去的人或事物，另一种是把某人或某物留在了某地。

（三）基于宾语将来时间场景的“忘”的义项划分及描写

3. 动没能记住应该做或打算做的事情。

当“忘”的客体论元为尚未发生的事情时，“忘”对应《朗高》中“forget”的义项 9“ don’t forget to do sth.”。结合语料库考察可知，此时“忘”的客体论元多为尚未发生的事件，即在将来时间场景中，“忘”的义项为“不要忘记去做某事”。我们结合语料库标注情况将“忘”的这一义项描写为“动没能记住应该做或打算做的事情”。该义项的主体论元为人，客体论元为事，表示忘记了即将要去做的事，表现为不记得接下来的打算或想法了，相当于《朗高》中“ forget ”的义项“ a) don’t forget to do sth. Don’t forget to lock up when you leave. b) used to remind someone about an important fact or detail that they should consider”。

该义项在“忘”的平衡语料库中共有 1463 条语料，占比为 14.63%。用例如下：

（21）一般人有点常识，身上别［忘］了带上十块八块的送人，也就罢了。（当代 \ 文学 \ 大陆作家 \1986 查建英 客中客）

（22）从中央起，我们各级党委，特别是老同志，一定要时刻不［忘］严肃地对待这个问题，承担起这个庄严的责任。（当代 \ 应用文 \ 议论文 \1983 邓小平 邓小平文选 2）

（23）她忽又一笑，拉着李寻欢的手道：“但我们还有明天，明天晚上莫［忘］了早些来。”（当代 \ 文学 \ 台湾作家 \1970 古龙 小李飞刀第一部《多情剑客无情剑》）

四、结语

综上，我们建议外向型汉语学习词典对“忘”的义项划分及描写如下：

①动忽略；忽视：a. 全身心地投入到某件事中，以至于没有注意到其他人或事。b. 没有给后述对象应有的重视。c. 不把某人或某事放在心上。d.（主观上）停止想，不再想某人或某事。e. 舍弃某人或某事。②动忘记：a. 无法回忆起在大脑中留下记忆的信息、事实、人、事等。b. 把某人或某物遗漏在了某地（没有带需要的人或事物）。③动没能记住应该做或打算做的事情。

第四章

基于语料库的希望类心理动词义项划分及描写

本章以希望类心理动词“望”“希”“盼”“欲”为研究对象，将国内的内向型汉语词典《现汉》，外向型汉语词典《当学》《商学》《现学》《HSK中国汉语水平考试词汇大纲汉语8000词词典》与三本外向型英语词典《牛高》《朗高》《柯高》的释义进行对照，然后基于CCL语料库，以论元结构理论为主，结合时间场景，对现代汉语“望”“希”“盼”“欲”的各义项进行重新划分与描写，为外向型汉语学习词典释义的优化提供参考。

第一节　心理动词“望”的义项划分及描写

一、“望”的平衡语料库的建立及标注

“望”在CCL语料库中共有367192条语料，我们下载“望”的全部语料并将其导入Excel表中建立“望”的总语料库，然后按照一定比例从中抽取10000条语料建立“望”的平衡语料库并进行标注。具体的语料抽样情况如表4-1所示。

表4-1　“望”的语料抽样统计表

二级分类	三级分类	四级分类	下载语料	抽样语料
当代	CWAC		1418	150
	口语		575	370
	史传		2123	240
	应用文	中国政府白皮书	117	50
		健康养生	312	106

续表

二级分类	三级分类	四级分类	下载语料	抽样语料
当代	应用文	法律文献	15	15
		社会科学	2493	230
		自然科学	656	100
		药方	25	25
		菜谱	16	16
		议论文	448	100
		词典	1393	180
		说明书	15	15
	报刊	1994 年报刊精选	17256	600
		人民日报	62453	1000
		作家文摘	8106	500
		市场报	2276	150
		故事会	98	98
		新华社	80421	1000
		读书	101465	1000
		读者	7563	500
		青年文摘	105	105
	文学	大陆 / 内地作家	20854	600
		台湾作家	3189	400
		香港作家	3462	400
	电视电影	非文艺	1559	100
		文艺	2335	100
	相声小品		237	100
	网络语料		10960	500
	翻译作品	应用文	7512	500
		文学	23610	500
现代	戏剧		428	100
	文学		3697	150
合计			367192	10000

依次标注“望”的平衡语料库中的10000条语料，标注情况如下：

义项栏的标注：《现汉》中“望”有13个义项，我们将其依次标注为“1”到“13”。在标注过程中，根据语料，我们发现了3个新义项，分别标注为“14”“15”“16”。

二、时间性在“望”的场景划分中的作用

“望”是一个心理动词，可以根据其时间性特征划分场景。“望”在现代汉语中的义项与其外在时间结构产生的场景和内在时间结构产生的场景均存在密切关系。

（一）外在时间性在“望”的场景划分中的作用

“望”的外在时间性表现在“望”能够表现出一个时间流逝的过程，即分现在、将来两个时间段。根据“望”的外在时间性，“望”的场景可以分为表示现在的时间场景和表示将来的时间场景。“望”在不同的时间场景中会产生不同的义项。

（二）内在时间性在“望”的场景划分中的作用

“望”的一些义项与其外在时间结构无关，但又有先后发生的逻辑关系，体现一个完整的认知过程，这类义项只能从其内在时间性进行解释。

三、基于时间场景与论元结构的“望”的义项划分及描写

动词“望”在现代汉语中主要有两类义项：一类是表示视觉活动的义项，一类是表示心理活动的义项。“望”的每类义项的产生都与其论元结构有密切关系，心理活动义项还跟时间性有密切关系。我们对10000条“望”的语料进行了穷尽性分析，结合论元结构理论分析“望”的视觉活动义项的划分及描写，结合时间场景和论元结构理论分析“望”的心理活动义项的划分及描写。

（一）基于宾语时间场景的“望”的心理义义项划分及描写

当“望”的主体论元“人”需要对客体论元“人或情况等”进行心理活动时，“望”便产生了表示心理活动的义项。

“望”在《现汉》中的义项②“观看；察看”和义项④“盼望；希望”两个义项都和时间有关，可以用时间场景来解释。“望”的时间场景可叙述为：人的大脑首先通过感觉器官从外部环境中获得信息，接着对信息进行编辑，产生各类心理活动，这些心理活动构成了一个认知过程。这个过程有两步：第一步，大脑通过眼睛得知了所看到的内容并刻意去观察；第二步，深入观察后更深刻地认识到心里想要什么。用框架语义学术语来说，上述认知过程的每一步都会对应一个注意焦点，每一个焦点都会产生一个义项。

1. 动有意观察某人或某物，以便获得更多信息。

当焦点落在认知过程的第一步时，“望”的客体论元为情况、局势、病情、文字、文章等抽象信息，且语义侧重于人能得知所看到的内容。这时“望”就有“察看”的意思，这相当于《现汉》中已有义项②“观看；察看”。我们增加客体论元和目的论元，将该义项描写为“动有意观察某人或某物，以便获得更多信息”。

该义项在“望”的平衡语料库中共有1110条语料，占比为11.1%。该义项构成的复合词有观望、望风、张望等。用例如下：

（1）老在这里观［望］不进。(当代\史传\1999 李文澄 努尔哈赤)

（2）临战必将退缩不前，各部会互相观［望］、互相推诿。(当代\史传\1999 李文澄 努尔哈赤)

（3）还探头探脑地向四周张［望］一阵子。(当代\报刊\作家文摘\1993年1—6月《作家文摘》)

2. 动希望并等待后述事件实现。

当焦点落在认知过程的第二步时，人深入观察后更深刻地认识到心里想要什么，语义侧重于主体论元“人”对客体论元“功名、金钱、地位、知识、技能、世界等”进行主观知觉，暗含着“由未知、客观的存在转化为人心里已知的信息，并期望去获得这些客观存在”的意思，此时便产生了义项“动希望并等待后述事件实现”，这相当于《现汉》中已有义项④“盼望；希望”。

该义项在“望”的平衡语料库中共有3243条语料，占比为32.43%。该义项构成的复合词有希望、期望、企望、渴望等。用例如下：

（4）我平时在世界各地来去匆匆间，常有人要我给他一句话，希［望］对

他的人生有所点拨。（当代\口语\对话\2007 星云大师 _ 刘长乐 传媒大亨与佛教宗师的对话：包容的智慧）

（5）后来跟随父亲过上军旅生活，整日拼杀，逐渐对战争产生厌恶，渴［望］过安定的和平日子。（当代\史传\1999 李文澄 努尔哈赤）

（6）我们现在从小到大，都是学生听老师的，而且希［望］是乖孩子好孩子。（当代\口语\对话\2002_9_23 王梓坤 _ 柯惠新 关于教育的对话）

当焦点落在第二步时，我们需要注意此时衍生出以下两种情况：

第一种情况：相信会出现某种情况。这相当于《牛高》中“expect”的义项1“to think or believe that something will happen or that somebody will do something”。

该义项在“望”的平衡语料库中共有2763条语料，占比为27.63%。该义项构成的复合词有希望能、希望得到、希望达到、希望是等。用例如下：

（7）她渴［望］读懂异性。（当代\口语\对话\2008_1 王栋 卓越媒体的成功之道：对话美国顶尖杂志总编）

（8）希［望］你的家人能得到安慰并尽快恢复平静。（当代\口语\对话\2007 星云大师 _ 刘长乐 传媒大亨与佛教宗师的对话：包容的智慧）

（9）作为读者，我希［望］这些问题也能激发起你的一些思考。（当代\应用文\健康养生\2006 张晓梅 修炼魅力女人）

第二种情况：要求某人做某事。当“望”的客体论元为你、我、他、大家等表人名词或代词时，“望”就有“要求某人做某事”的意思，这相当于《柯高》中“expect”的义项3“If you expect something, or expect a person to do something, you believe that it is your right to have that thing, or the person’s duty to do it for you”。

该义项在“望”的平衡语料库中共有432条语料，占比为4.32%。用例如下：

（10）怎么能指［望］他们改造社会风气呢！（当代\应用文\议论文\1983 邓小平 邓小平文选2）

（11）希［望］你好好学习，天天向上，锻炼身体，健康成长。（当代\报刊\人民日报\rmrb_1996_10）

（12）希［望］他浪子回头。（当代 \ 史传 \1999 李文澄 努尔哈赤）

3. 名心中期待的事。

希望并等待后述事件实现，这就意味着心中有了想出现的情况。

认知语言学认为词类转移现象是在转喻机制驱动下形成的。朱德熙（1983）指出转指的意义跟谓词所蕴含的对象相关，并从句法角度把转指分成转指施事、转指受事、转指与事和转指工具等几类。心理动词“望”的名词义项“心中想出现的情况”不是指动作，而是转指跟动作相关的受事，这里可以理解为：当人“希望并等待后述事件实现”时，实现了的后述事件就是“心中期待的事”。如果突显“望”的受事论元，由义项“动希望并等待后述事件实现”这一动作过程转指“心中期待的事”，就产生了义项“名心中期待的事”，这相当于《现汉》中的义项⑤“盼头；希望”。

该义项在“望”的平衡语料库中共有 911 条语料，占比为 9.11%。该义项构成的复合词有愿望、希望、渴望、不负众望、有望等。用例如下：

（13）这些人具有强烈的创新愿［望］。（当代 \CWAC）

（14）他对南京政府寄予厚［望］。（当代 \CWAC）

（二）基于论元结构的“望”的视觉义义项划分及描写

4. 动朝着后述对象或方向远看。

当“望”的主体论元为人，客体论元为风景、城市、天空、山川、河流等景物时，“望”所发生的场景是用眼睛看具体的事物，于是“望”就有了“朝着后述对象向远处看”的意思，相当于《现汉》中已有义项①“向远处看”。《现汉》义项“向远处看”未体现“看”的范围，结合语料考察，我们增加范围论元“朝着后述对象”，从而将该义项描写为“动朝着后述对象或方向远看”。

该义项在“望”的平衡语料库中共有 688 条语料，占比为 6.88%。该义项构成的复合词有瞭望、眺望、遥望、远望、仰望等。用例如下：

（15）人们紧张地仰［望］着太空中的加速器。（当代 \ 文学 \ 大陆作家 \ 2008 刘慈欣 三体 I）

（16）只能［望］建州而兴叹。（当代 \ 史传 \1999 李文澄 努尔哈赤）

5. 动访问、探望某人。

当“望”的主体论元为人，客体论元为亲人、朋友、亲戚、老师、病人等时，“望”就有了“看望、拜访”的意思，相当于《现汉》中的义项③“探望”。结合语料，在《现汉》释义基础上增加对象论元，可以将该义项描写为“动访问、探望某人”。

该义项在“望”的平衡语料库中共有 550 条语料，占比为 5.5%。该义项构成的复合词有探望、拜望、看望等。用例如下：

（17）努尔哈赤亲自登门看［望］。（当代\史传\1999 李文澄 努尔哈赤）

（18）及至去拜［望］冰心的那天，忽又阳光亮丽。（当代\报刊\报刊精选\1994 年《报刊精选》01）

6. 介前述对象的位置正面朝向后述对象。

当主体论元和客体论元为河流、山川、建筑等没有生命的物体时，“望”不再是“用眼睛看”的意思，而是转指“前述对象的位置正面朝向后述对象”，相当于《现汉》中的义项⑨“对着；朝着”。结合语料，增加方式论元“正面”和范围论元“前述对象的位置、后述对象”，可以将该义项描写为“介前述对象的位置正面朝向后述对象”。

该义项在“望”的平衡语料库中共有 13 条语料，占比为 0.13%。用例如下：

（19）林肯纪念堂和华盛顿纪念碑遥遥相［望］。（当代\电视电影\百科\2007 任学安_陈晋《大国崛起》解说词）

（20）他［望］后一指那桌子。（当代\相声小品\中国传统相声大全）

7. 形有名望的。

该义项在“望”的平衡语料库中共有 11 条语料，占比为 0.11%。该义项构成的复合词有名门望族、望族等。用例如下：

（21）查家在海宁是［望］族，曾经出过七位进士、五位翰林。（当代\口语\对话\2009_9_11 杨澜_金庸等 杨澜对话热点人物：杨澜访谈录Ⅱ_3）

（22）她出生在八尾町的一个名门［望］族。（当代\翻译作品\文学\1998 丁国桢_徐京宁_邵延丰_李耘_于伟 人性的证明）

8. 名社会上流传的对一个人或者团体的评价。

当主体论元多为指人的群体，客体论元多为某人或某团体时，“望”就有了“社会上流传的对一个人或者团体的评价”的意思，相当于《现汉》中义项⑥“名望，也指有名望的人”的后半部分“有名望的人”。《现汉》的释义未体现有名望的范围，而且对象论元缺少“团体”。通过考察语料，我们发现有名望的对象不仅指人，还指团体或组织。因此，我们将该义项描写为“名社会上流传的对一个人或者团体的评价”。

该义项在“望”的平衡语料库中共有 273 条语料，占比为 2.73%。该义项构成的复合词有名望、声望、威望、德高望重等。用例如下：

（23）也可以提高崔浩的声［望］。（当代\应用文\社会科学\1984 冯国超 中华上下五千年）

（24）在洞城百姓中威［望］甚高。（当代\史传\1999 李文澄 努尔哈赤）

9. 书（年龄）接近。

该义项在“望”的平衡语料库中共有 2 条语料，占比为 0.02%。用例如下：

（25）我现在已经［望］九之年。（当代\报刊\青年文摘\2003《青年文摘》人物版）

（26）都是［望］四之年的女人了。（当代\文学\香港作家\1989 梁凤仪 风云变）

由于该义项语料少，占比低，不建议外向型汉语学习词典收录该义项，故这里不做讨论。

10. 名月圆之日，通常是农历每月十五日（有时是十六日或十七日）。

该义项在“望”的平衡语料库中共有 3 条语料，占比为 0.03%。用例如下：

（27）每月朔、［望］，海潮倒灌。（当代\应用文\词典\1987 中国社会科学院语言研究所 倒序现汉词典）

（28）于时三月，越日［望］也。（现代\文学\1928 俞平伯 梦游）

（29）【大潮】在朔、［望］日（农历每月初一和十五）。（当代\应用文\词典\1987 中国社会科学院语言研究所 倒序现汉词典）

由于该义项语料少，占比低，不建议外向型汉语学习词典收录该义项，故这里不做讨论。

四、结语

综上，我们建议外向型汉语学习词典将“望”的义项划分及描写如下：①动有意观察某人或某物，以便获得更多信息。②介前述对象的位置正面朝向后述对象。③动朝着后述对象或方向远看。④动访问、探望某人。⑤形有名望的。⑥名社会上流传的对一个人或者团体的评价。⑦动希望并等待后述事件实现：a. 要求某人做某事。b. 相信会出现某种情况。⑧名心中期待的事。

第二节　心理动词“希”的义项划分及描写

一、“希”的平衡语料库的建立及标注

“希”在 CCL 语料库中共有 198302 条语料，我们下载“希”的全部语料并将其导入 Excel 表中建立“希”的总语料库，然后按照一定比例从中抽取 10000 条语料建立“希”的平衡语料库并进行标注。具体语料抽样情况如表 4-2 所示。

表 4-2　“希”的语料抽样统计表

二级分类	三级分类	四级分类	下载语料	抽样语料
当代	CWAC		1064	100
	口语		421	176
	史传		1154	200
	应用文	中国政府白皮书	50	50
		健康养生	153	60
		法律文献	3	3
		社会科学	1405	150
		自然科学	635	100
		药方	51	10
		菜谱	11	11
		议论文	299	50
		词典	399	100
		说明书	17	17

续表

二级分类	三级分类	四级分类	下载语料	抽样语料
当代	报刊	1994 年报刊精选	9468	600
		人民日报	45138	1500
		作家文摘	3630	500
		市场报	1032	150
		故事会	29	29
		新华社	74931	1000
		读书	7366	600
		读者	4058	400
		青年文摘	40	40
	文学	大陆 / 内地作家	7432	600
		台湾作家	1073	500
		香港作家	1028	500
	电视电影	非文艺	1226	200
		文艺	583	200
	相声小品		68	68
	网络语料		6887	500
	翻译作品	应用文	8854	500
		文学	17982	600
现代	戏剧		189	186
	文学		1626	300
合计			198302	10000

依次标注“希”的平衡语料库中的 10000 条语料，标注情况如下：

义项栏的标注：《现汉》中“希”有 3 个义项，我们将其依次标注为“1”“2”“3”。在标注过程中，根据语料，我们发现了 4 个新义项，分别标注为“4”“5”“6”“7”。

二、时间性在“希”的场景划分中的作用

“希”是一个心理动词，可以根据其时间性特征划分场景。“希”在现代汉

语中的义项与其外在时间结构产生的场景和内在时间结构产生的场景均存在密切关系。

（一）外在时间性在“希”的场景划分中的作用

“希”的外在时间性表现在“希”能够表现出一个时间流逝的过程，即分现在、将来两个时间段。按照“希”的外在时间性，“希”的场景可以分为表示现在的时间场景和表示将来的时间场景，“希”在不同的时间场景中会产生不同的义项。

（二）内在时间性在“希”的场景划分中的作用

“希”的一些义项与其外在时间结构无关，但又有先后发生的逻辑关系，体现一个完整的认知过程，这类义项只能从其内在时间性进行解释。

三、基于时间场景与论元结构的“希”的义项划分及描写

“希”作为希望类心理动词，涉及人的认知感知层面，由此形成了“希”的认知场景。认知场景体现了“希”的内在时间性特征，同时从句子的“外层”来看，体现了外在时间场景，“希”的内在时间场景内嵌于外在时间场景中。具体表述如下：

“希”是人通过大脑对其他人或者事物的感知而产生的一系列心理活动，而这些心理活动就是一个认知的过程。此过程分为两步：第一步，在对事物基本了解后，希望后述事件实现；第二步，对“希望实现的后述事件”的判断符合自己的利益，因而产生认同感并做出行动。用框架语义学理论来说，上述过程的每一步都会对应一个注意焦点，每一个焦点都会产生一个义项。

1. 动希望并等待后述事件实现。

认知过程的第一步：“希”的主体论元为人，客体论元为目的、事件、事实、理论、数据、信息、经验等，这时“希”的意思相当于《现汉》中的义项①“希望”，对应《朗高》中“hope”的义项 2“something that you hope will happen”。我们为该义项增加客体论元“后述事件”，将其描写为“动希望并等待后述事件实现”。

该义项在“希”的平衡语料库中共有 4827 条语料，占比为 48.27%。该义

项构成的复合词有希望、希冀、希图等。用例如下：

（1）[希]望对他的人生有所点拨。（当代\口语\对话\2007 星云大师_刘长乐 传媒大亨与佛教宗师的对话：包容的智慧）

（2）院领导[希]冀通过体育锻炼进一步增强职工的战斗力与凝聚力。（当代\报刊\人民日报\rmrb_2000_01）

（3）我们[希]望以后能在内地出版发行。（当代\口语\对话\2008_1 王栋 卓越媒体的成功之道：对话美国顶尖杂志总编）

当焦点落在第一步时，我们需要注意此时包含了两种情况：

第一种情况：想要某事发生并认为这是可能的。这相当于《朗高》中“hope”的义项1“to want something to happen or be true and to believe that it is possible or likely”。

该义项在“希”的平衡语料库中共有3457条语料，占比为34.57%。该义项构成的复合词有希望如此、希望这样、希望那样等。用例如下：

（4）你也不[希]望这样，对不对？（当代\文学\台湾作家\1993 于晴 红苹果之恋）

（5）我们非常高兴问题得到了解决，我们也[希]望那样的事情不会再次发生。（当代\报刊\新华社\新华社2004年10月新闻报道）

（6）喜欢学习并[希]望能多学些。（当代\CWAC）

第二种情况：如果可能的话，希望做某事。这相当于《牛高》中“hope”的义项2“[transitive] hope to do something; to intend to do something if possible”。当主体论元为人或者团体，超级论元为维持原状、消灭权利、推动国际化等时，“希”就有“如果条件允许的话希望做某事”的意思。我们为其增加范围论元“如果可能”和超级论元“做某事”，将该义项描写为“动如果可能的话希望做某事”。

该义项在“希”的平衡语料库中共有1594条语料，占比为15.94%。该义项构成的复合词有希望用、希望得到、希望了解等。用例如下：

（7）英方则[希]望维持原状。（当代\CWAC）

（8）我们并不[希]望消灭他们说话的权利。（当代\口语\对话\1989 李敖_等 李敖对话录_15）

（9）［希］望推动佛教发展“国际化”。（当代\口语\对话\2007 星云大师_刘长乐 传媒大亨与佛教宗师的对话：包容的智慧）

2. 动使自己的言行迎合别人的心意。

认知过程的第二步：“希”的主体论元为人，客体论元为旨意或时局，这时主体论元不得不接受别人的旨意或适应时局，由此产生新义项“动使自己的言行迎合别人的心意”。

该义项在“希”的平衡语料库中共有5条语料，占比为0.05%。该义项构成的复合词有希旨、希指。用例如下：

（10）【先意［希］旨】同“先意承志”。（当代\应用文\词典\2002 鸽子树 中国成语大辞典_条目）

（11）【望风承旨】见“望风［希］指”。（当代\应用文\词典\2002 鸽子树 中国成语大辞典_条目）

（12）【望风［希］指】谓见机迎合他人意旨。（当代\应用文\词典\2002 鸽子树 中国成语大辞典_条目）

3. 形相当于“稀”，指人或事物出现得少。

该义项相当于《现汉》中已有义项③“同‘稀’，事物出现得少”。结合语料，我们为其增加主体论元“人”，将该义项描写为“形相当于‘稀’，指人或事物出现得少”。

该义项在“希”的平衡语料库中共有83条语料，占比为0.83%。该义项构成的复合词有希奇、希罕、希世、希少、希有等。用例如下：

（13）一些窗间的灯光给着［希］有的温暖。（现代\文学\1937 靳以 灯）

（14）我才不［希］罕。（当代\文学\香港作家\1993 岑凯伦 蜜糖儿）

4. 形寂静无声。

《常用汉字源流字典》对“希”的本义的解释为“罕见，稀少（后写作‘稀’）”，即《现汉》中的义项③“同‘稀’，事物出现得少”。“物”的属性，在人类认知（隐喻）的驱动下，投射到另一种“物”上，就会成为新的“物”的属性。“物”发生了变化，其属性也会发生变化，这时就有可能产生新的义项。如在人类认知驱动下，“物”的“罕见，稀少”属性映射到声音上，成为声音的一种属性“声音小听不见”，就产生了义项“形寂静无声”。

该义项在“希”的平衡语料库中共有 34 条语料，占比为 0.34%。该义项构成的复合词有希声。用例如下：

（15）是大音［希］声之声。（当代 \ 报刊 \ 读书 \vol-184）

（16）把大象无形大音［希］声化为堆积或者是毫无意趣的简单。（当代 \ 网络语料 \ 博客 \ 卫军英博客）

（17）任其自然的从容伴着大音［希］声的沉默。（当代 \ 报刊 \ 读书 \vol-138）

四、结语

综上，我们建议外向型汉语学习词典将“希”的义项划分及描写如下：①动希望并等待后述事件实现。②动想要某事发生并认为这是可能的。③动如果可能的话希望做某事。④动使自己的言行迎合别人的心意。⑤形相当于“稀”，指人或事物出现得少。⑥形寂静无声。

第三节　心理动词“盼”的义项划分及描写

一、“盼”的平衡语料库的建立及标注

“盼”在 CCL 语料库中共有 13999 条语料，我们下载“盼”的全部语料并将其导入 Excel 表中建立“盼”的总语料库，然后按照一定比例从中抽取 10000 条语料建立“盼”的平衡语料库并进行标注。具体语料抽样情况如表 4–3 所示。

表 4–3 “盼”的语料抽样统计表

二级分类	三级分类	四级分类	下载语料	抽样语料
当代	CWAC		13	13
	口语		8	8
	史传		117	117
	应用文	中国政府白皮书	1	1
		健康养生	23	23

续表

二级分类	三级分类	四级分类	下载语料	抽样语料
当代	应用文	法律文献	0	0
		社会科学	66	66
		自然科学	10	10
		药方	0	0
		菜谱	1	1
		议论文	12	12
		词典	89	89
		说明书	0	0
	报刊	1994 年报刊精选	1087	900
		人民日报	3634	1634
		作家文摘	601	601
		市场报	227	227
		故事会	8	8
		新华社	2986	1174
		读书	416	416
		读者	460	460
		青年文摘	4	4
	文学	大陆 / 内地作家	1164	1164
		台湾作家	485	485
		香港作家	498	498
	电视电影	非文艺	101	101
		文艺	36	36
	相声小品		31	31
	网络语料		471	471
	翻译作品	应用文	301	301
		文学	742	742
现代	戏剧		41	41
	文学		366	366
合计			13999	10000

依次标注“盼”的平衡语料库中的10000条语料，标注情况如下：

义项栏的标注：《现汉》中“盼”有3个义项，我们将其依次标注为“1”“2”“3”。在标注过程中，根据语料，我们发现了1个新义项，将其标注为“4”。

在对平衡语料库中的10000条语料进行一次标注后，我们发现有错别字语料1条，病句语料1条，独字语料3条，表示人名、球队名等专有名词的语料562条，还有表示形容词含义（眼睛黑白分明的样子）的语料20条。鉴于上述587条语料并不会影响动词“盼”的义项划分结果，我们不对其进行义项标注，亦不做讨论。因此，该平衡语料库的有效语料为9413条。

二、时间性在“盼”的场景划分中的作用

“盼”是一个表示精神活动的词，应该根据其时间性特征划分场景。“盼”在现代汉语中的义项与其外在时间结构产生的场景和内在时间结构产生的场景均存在密切关系。

（一）外在时间性在“盼”的场景划分中的作用

“盼”的外在时间性表现在“盼”能够表现出一个时间流逝的过程，即分过去、现在、将来三个时间段。根据“盼”的外在时间性，“盼”的场景可以分为表示过去的时间场景、表示现在的时间场景和表示将来的时间场景。“盼”在不同的时间场景中会产生不同的义项。

（二）内在时间性在“盼”的场景划分中的作用

“盼”的一些义项与其外在时间结构无关，但又有先后发生的逻辑关系，体现一个完整的认知过程，这类义项只能从其内在时间性进行解释。

三、基于时间场景与论元结构的“盼”的义项划分及描写

根据“盼”所带论元的情况，结合“盼”的时间场景，我们归纳出“盼”在现代汉语中的义项分布情况。

（一）基于宾语现在时间场景的“盼”的义项划分及描写

1. 动经历漫长过程把人或情况等来。

当主体论元为人，客体论元为“8年”“日子”“18岁”等表示时间的词时，

“盼”有“经历漫长过程终于把人或情况等来”的意思。

该义项在“盼”的平衡语料库中共有374条语料，占总语料数的3.74%。用例如下：

（1）更让她感奋的是，终于［盼］到了一个理想时代的到来。（当代\史传\2002 张清平 林徽因）

（2）毛福梅熬了12年，终于苦尽甘来，把宝贝儿子［盼］了回来。（当代\史传\1997 朱小平_吴金良 蒋氏家族全传）

（3）他们相好了许多年，吃了很多苦，好不容易才［盼］到大喜的日子。没想到婚礼的当夜，一个恶人点燃了他家的房檐。（当代\报刊\读者\1995 Author《读者》_162）

（4）从这里我们可以发现谁是发现和珅的伯乐？英廉。英廉等啊，［盼］啊，好不容易［盼］到和珅十八了，能结婚了，赶紧就把自己的孙女嫁给和珅。［当代\电视电影\非文艺\百家讲坛\050118-050903\7月13日《正说和珅（一）发迹之谜》纪连海］

例（1）中，她（林徽因）历经8年才将她期盼的“战争胜利”这一情况等到；例（2）中，毛福梅苦熬了12年，终于将其“宝贝儿子”盼回来了；例（3）、例（4）中，在“大喜的日子”“和珅十八了，能结婚了”之前，行为主体都经历了漫长且不易的等待。可见，在类似的语境中所使用的“盼”具有“经历漫长过程终于把人或情况等来”的含义。通过考察语料，我们为该义项增加方式论元“经历漫长过程”和对象论元“人或情况”，将其描写为“动经历漫长过程把人或情况等来”。

2. 动用于表达说话者的某些请求。

通过对大量语料的分析，我们发现在现代汉语中“盼”还用于表达主体论元（主事者）的一些请求，且多用于书面表达及祈使句中。

该义项在“盼”的平衡语料库中共有123条语料，占比为1.23%。用例如下：

（5）周丽于7月1日傍晚由深圳碧波花园驾红色本田跑车（车牌号为粤B·64100）离家至今未归，家人万分着急，［盼］知情者提供线索。（当代\报刊\作家文摘\1997C）

（6）曾少侠既不肯见告师承，在下便领教曾少侠的高招。咱们点到即止，

还［盼］手下留情。（当代\文学\香港作家\1980 金庸 倚天屠龙记）

（7）我听说有些船只在中东用作军需的仓库。［盼］交我一详尽清单，在清单中要把已经经过重大改装成为军队运送舰的，和那些易于恢复原来任务的船只区别开来。（当代\翻译作品\应用文\1995 吴万沈 第二次世界大战回忆录_第三卷_伟大的同盟）

例（5）中，“周丽家人”（主事者）请求“知情者提供线索”；例（6）中，“鲜于通”（主事者）与曾少侠过招之时，假意提出了“手下留情”的请求；例（7）中，“我”（主事者）提出了让对方“交我一详尽清单”的请求。

3. 动向他人表达美好的祝福。

在现代汉语中，“盼”还可以用来“向他人表达美好的祝福”，因此，可以增加对象论元“他人”和客体论元“美好的祝福”，将该义项描写为“动向他人表达美好的祝福”。

该义项在现代汉语中使用度并不高，在“盼”的平衡语料库中仅有26条语料，占比为0.26%。用例如下：

（8）严萍说：“不难过，难过什么哩？你去吧，好好儿的，［盼］你们战斗胜利。”（当代\文学\大陆作家\1957 梁斌 红旗谱）

（9）把张翠山和殷素素也都投上木排，大声叫道：“五弟，五妹，无忌！一路顺风，［盼］你们平平安安，早归中土。”（当代\文学\香港作家\1980 金庸 倚天屠龙记）

（10）好孩子，［盼］你事事逢凶化吉，不负你爹娘和我的期望。（当代\文学\香港作家\1980 金庸 倚天屠龙记）

例（8）—例（10）中，说话方均用“盼”表达了自己对听话方的祝愿，如祝“战斗胜利”“平平安安”“事事逢凶化吉”。

4. 名盼望：主要指人们心里的一种良好愿望或期望。

“人们心里的一种良好愿望或期望”由动词性义项“盼望”转喻而来，因此，在日常生活中，人们逐渐赋予动词性“盼”抽象概念，用来表达自己心中的良好愿望，之后这种用法被广泛使用，最终形成了“盼”的名词性义项，即“名盼望：主要指人们心里的一种良好愿望或期望”，这一过程属于整体框架中不同部分之间的转喻。

该义项在“盼”的平衡语料库中共有695条语料，占比为6.95%。该义项在现代汉语中使用的频率较高，用法也较为稳固，其构成的复合词有期盼、企盼、祈盼、渴盼等。用例如下：

（11）桃在农历三月开花，为春天的象征。希望发财、吉祥是人的一种企［盼］，于是有了“桃花运”之说。（当代\应用文\健康养生\2010 温长路 民谣谚语话养生）

（12）当地人讥讽扛活的有三［盼］：工钱高、吃好饭、下雨天。对驹子来说，今日前两［盼］已不成问题，惟这最后一［盼］没了指望。（当代\报刊\作家文摘\1993年1—6月《作家文摘》）

（13）祖国的统一大治，民生的和平幸福，这理想的祈［盼］和意愿，正像老人的名字一样，始终与他的生命相伴随。（当代\报刊\作家文摘\1994年7—12月《作家文摘》）

（14）进入新世纪，和平与发展仍然是当今时代的主题，是各国人民的共同期［盼］。（当代\报刊\新华社\新华社2003年4月新闻报道）

例（11）—例（14）中的“发财、吉祥”“工钱高、吃好饭、下雨天”“祖国统一大治，民生和平幸福”“和平与发展”等客体论元都是主体论元心中所盼望的情况或状态，属于人们心中渴望达到的一种美好期望。

（二）基于宾语过去时间场景的“盼”的义项划分及描写

5. 动 用于表达对人或物的思念或想念。

“盼”在现代汉语中还可以用来表达对人或物的思念或想念。该义项在“盼”的平衡语料库中仅有21条语料，占比为0.21%。用例如下：

（15）小毛驴儿因为［盼］家，也就越跑越快越高兴，它也唔儿哇儿地叫起来了。（当代\文学\大陆作家\1958 刘流 烈火金钢）

（16）慢慢地把泪光闪闪的脸颊贴在洛殿的大胡子上，说道：“我日夜地想你，［盼］你，想不到……”（当代\文学\大陆作家\1958 雪克 战斗的青春）

（17）公子郊师流着泪：“儿想母亲……想的……［盼］母亲……［盼］的。”（当代\电视电影\文艺\2000 张辉力 孙子兵法与三十六计）

例（15）表达了小毛驴儿对家的思念，例（16）表达了四婶对洛殿的想念，例（17）表达了公子郊师对母亲的思念。前者传达的是对物的思念，后两者表达的是对人的想念。

（三）基于宾语将来时间场景的“盼”的义项划分及描写

6. 动盼望：a. 盼望某事情发生。b. 盼望某人。c. 盼望某物。

认知过程第一步：“盼”表示将来的时间场景是以“现在”为基点推导出来的，在该场景中“盼”的对象多为尚未发生的事件，这相当于《现汉》中已有义项① “动盼望”。“盼望”对应三种对象：

第一种对象：盼望某事情发生。这时主体论元多为人，客体论元多为事件，于是“盼”就有了“盼望某事情发生”的意思。

该义项在“盼”的平衡语料库中共有 7478 条语料，占比为 74.78%。该义项构成的复合词有盼望、期盼、祈盼等。用例如下：

（18）希望他们不要吵架，更不要恶语相加，[盼]望得到一个和睦的家庭环境。（当代 \CWAC）

（19）大总统的职位是留给袁世凯的，他不过是临时占据一下而已，期[盼]袁世凯早来南京就职。（当代 \ 口语 \ 对话 \200x 林思云 _ 马悲鸣 _ 等 策马入林——林思云、马悲鸣对话中国近代史）

（20）平常在家练习骑马射箭，[盼]望国家有事，报名从军，打仗立功，可以做官封侯。（当代 \CWAC）

（21）今后只期[盼]你们成人，你们成人了，端给姥姥的是糖盒子。（当代 \ 报刊 \ 作家文摘 \1994 年 7—12 月《作家文摘》）

第二种对象：盼望某人。当主体论元为人，客体论元为未见到的人时，“盼”就有了“盼望某人”的意思。在分析“盼”的平衡语料库的过程中，我们发现有 10 条语料的客体对象为某人的爱情，如“她只盼望俞启威的爱情”。结合具体语境，“爱情”实际上作为一种符号象征，盼望某人的爱情应是借情感来思念某人，故客体论元仍可以看作是人。可在原义项末尾增加对象论元，将其调整为“盼望某人”，另外，在配例中列出类似“盼望他的爱情”的用法。

该义项在“盼”的平衡语料库中共有 587 条语料，占比为 5.87%。该义项构成的复合词有盼望、期盼着等。用例如下：

（22）却又总期［盼］着那达慕。（当代\文学\大陆作家\1998 冯苓植 雪驹）

（23）不久便彻底明白了雪驹神情怅惘的根源：人，它尚在渴切地期［盼］着一个人！（当代\文学\大陆作家\1998 冯苓植 雪驹）

（24）这许多年来，她只［盼］望俞启威的爱情，逐渐把妈妈的形象淡忘了。（当代\报刊\作家文摘\1993年1—6月《作家文摘》）

第三种对象：盼望某物。当主体论元为人，客体论元为月亮、星星、粮船等，即客体论元均属于事物类时，“盼”就有了“盼望某物”的意思。用例如下：

（25）他有他的希望，他觉着像［盼］星星［盼］月亮似的听到县委书记的一点消息，就是有困难有危险也不能放过去。（当代\文学\大陆作家\1958 刘流 烈火金钢）

（26）她终于等到可以去艾达家接回她［盼］望已久的小鼠。（当代\史传\2007 土一族 从普通女孩到银行家）

（27）“头顶落下金银袋、脚下生出米粮仓”这一人们［盼］望多年的梦幻，已经成为事实。（当代\报刊\报刊精选\1994年《报刊精选》09）

7. 动希望某人或情况快点儿到来。

认知过程第二步：通过分析大量语料，我们发现“盼”还可表示“希望某人或情况快点儿到来”之意，其所涉主体论元为施事角色，且施事者都是人，如下面例（28）中的“韦长庚老公母俩”、例（30）中的“两个弟弟”等。客体论元为受事角色，受事者可以是人，也可以是某些情况，如例（28）中韦长庚老公母俩非常希望快点儿到来的是“孙子”，客体论元即“孙子”这一人物；例（29）、例（30）中则分别是希望“信”快点儿到来、希望“周末”快点儿到来，客体论元是“信”“周末”等事物。由此，我们归纳出义项“动希望某人或情况快点儿到来”。

该义项在“盼”的平衡语料库中共有132条语料，占比为1.32%。用例如下：

（28）韦长庚老公母俩都六十的人啦，［盼］孙子［盼］得简直睡不好觉。（当代\文学\大陆作家\1996 冯志 敌后武工队）

（29）我拔腿朝车奔过去，心口突突地跳起来，跳得有点慌乱有点奇怪。是

因为［盼］信［盼］得太急切了吗？（当代\报刊\作家文摘\1994年7—12月《作家文摘》）

（30）我的两个弟弟总是翘首［盼］周末，因为平时家里没馍，只有等到周日，他们才能跟着沾沾光。（当代\文学\大陆作家\2005 陆步轩 屠夫看世界）

四、基于论元结构的“盼”的视觉义义项划分及描写

8. 动用眼睛看，主要指将视线转向特定方向。

该义项对应《现汉》中的义项②“看”。这种以词释词的方式忽略了其差异性，影响了释义效果。因此，我们建议用描述性话语释义，将该义项改为“动用眼睛看，主要指将视线转向特定方向”。

该义项在“盼”的平衡语料库中共有564条语料，占比为5.64%，可见其在现代汉语中出现的频率较高，属于日常交际中常用的义项。该义项构成的复合词有左顾右盼、顾盼、流盼、顾盼自雄、顾盼生姿等。用例如下：

（31）走在街上不可东张西望、左顾右［盼］，不可乱扔脏废物与随地吐痰。（当代\应用文\自然科学\1991 林崇德_王德胜 中国儿童百科全书）

（32）她站在喜峰口的高处，顾［盼］水中她自己的和她身后长城的倒影，身边还有一株巨大的向日葵。（当代\报刊\人民日报\rmrb_1995_06）

（33）在台上对戏，或扮父女、夫妻、兄妹、情人，需要互相交流、目光流［盼］，甚至挨挨蹭蹭，这些真真假假的动作，也曾使她下妆后仍心神不安。（当代\报刊\作家文摘\1993年1—6月《作家文摘》）

五、结语

综上，我们建议外向型汉语学习词典将“盼”的义项划分及描写如下：①动经历漫长过程把人或情况等来。②动用于表达对人或物的思念或想念。③动用于表达说话者的某些请求。④动向他人表达美好的祝福。⑤动盼望：a. 盼望某事情发生。b. 盼望某人。c. 盼望某物。⑥名盼望：主要指人们心里的一种良好愿望或期望。⑦动希望某人或情况快点儿到来。⑧动用眼睛看，主要指将视线转向特定方向。

第四节　心理动词“欲”的义项划分及描写

一、“欲”的平衡语料库的建立及标注

“欲”在 CCL 语料库中共有 33490 条语料，我们下载“欲”的全部语料并将其导入 Excel 表中建立“欲”的总语料库，然后按照一定比例从中抽取 10000 条语料建立“欲”的平衡语料库并进行标注。具体语料抽样情况如表 4–4 所示。

表 4–4　“欲”的语料抽样统计表

二级分类	三级分类	四级分类	下载语料	抽样语料
当代	CWAC		464	200
	口语		146	146
	史传		357	50
	应用文	中国政府白皮书	4	4
		健康养生	396	100
		法律文献	10	10
		社会科学	1118	150
		自然科学	103	103
		药方	526	100
		菜谱	69	69
		议论文	169	169
		词典	832	500
		说明书	24	24
	报刊	1994 年报刊精选	2356	700
		人民日报	4565	1200
		作家文摘	1283	500
		市场报	581	100
		故事会	12	12
		新华社	3468	1000
		读书	3889	1000

续表

二级分类	三级分类	四级分类	下载语料	抽样语料
当代	报刊	读者	1286	500
		青年文摘	12	12
	文学	大陆 / 内地作家	2366	500
		台湾作家	518	200
		香港作家	896	200
	电视电影	非文艺	585	100
		文艺	336	100
	相声小品		46	46
	网络语料		1997	1009
	翻译作品	应用文	1352	500
		文学	3020	500
现代	戏剧		46	46
	文学		658	150
合计			33490	10000

依次标注“欲”的平衡语料库中的10000条语料，标注情况如下：

义项栏的标注：《现汉》中“欲”有4个义项，我们将其依次标注为“1”“2”“3”“4”。

在“欲”的平衡语料库中，“欲”为专名的语料有46条；“欲”为错别字的语料有11条，例如“欲话说，树挪死，人挪活”，将“俗话说”中的“俗”错写成了“欲”；句中的“欲”字没有意义的语料有40条。鉴于上述97条语料不会影响“欲”的义项划分结果，我们不对其进行义项标注，也不做讨论。因此，该平衡语料库的有效语料为9903条。

二、时间性在“欲”的场景划分中的作用

“欲”是一个表示精神活动的词，应该根据其时间性特征划分场景。“欲”在现代汉语中的义项与其外在时间结构产生的场景和内在时间结构产生的场景均存在密切关系。

（一）外在时间性在“欲”的场景划分中的作用

“欲”的外在时间性表现在“欲”能够表现出一个时间流逝的过程，即分现在、将来两个时间段。根据“欲”的外在时间性，“欲”的场景可以分为表示现在的时间场景和表示将来的时间场景，“欲”在不同的时间场景中会产生不同的义项。

（二）内在时间性在“欲”的场景划分中的作用

“欲”的一些义项与其外在时间结构无关，但又有先后发生的逻辑关系，体现一个完整的认知过程，这类义项只能从其内在时间性进行解释。

三、基于时间场景与论元结构的“欲”的义项划分及描写

承担论点功能的词组即为论元，它们是构筑情景的核心构件。所谓论点功能，其实是一类特定的语义功能，这类功能由动词依据其与相关名词或词组的内在语义联系赋予。不同论点功能组成论元结构，随着这些结构及对应元素的变动，词义的多样性便在动词中得到体现。“欲”在时间场景中不仅关联着主体成分，也关联着客体成分，这些波动就可能产生“欲”的新义项。

从“欲”的基本释义出发，“欲”的现在时间场景就是“欲”这一动作实际发生时的场景。“欲”的现在时间场景是将来时间场景的基础。“欲”的现在时间场景可叙述为：大脑首先通过感觉器官从外部环境中获得信息，接着对信息进行编辑，从而产生希望获得或完成特定对象的心理，有了希望获得或完成特定对象的心理状态后，还要考虑后述事件为前述事件的必要条件。

这一认知过程包括以下两步：第一步，大脑通过感觉器官感知到各类信息，发出指令，形成希望获得或完成特定对象的心理状态；第二步，完成或获得这个特定对象，存在一些后续需要考虑的事件，这些后述事件是达成第一步中形成的目标的必要条件。在从形成心理状态到实际完成或获得目标的认知过程中，后述的实际行动或条件是实现前面心理预期目标的必备前提。这一认知过程没有外在时间性，但是逻辑上蕴含了先后顺序，体现了“欲”的内在时间性特征。

根据“欲”所带论元情况，结合“欲”的时间场景，我们得出“欲”在现代汉语中的义项分布情况。

（一）基于宾语现在时间场景的“欲”的义项划分及描写

1. 名希望获得或完成特定对象的心理状态。

沈家煊（2010）认为：“有些用作名词的动词不是指动作本身，而是转指跟动作相关的施事、结果、工具等。”心理动词“欲”做名词时不是指动作本身，而是转指跟动作相关的状态，突显了“欲”的客体论元，参考《柯高》中对“desire”的释义“[C]a desire is a strong desire wish to do or have something”，我们将该义项描写为“名希望获得或完成特定对象的心理状态”。

该义项在“欲”的平衡语料库中共有 4307 条语料，占比为 43.07%。该义项构成的复合词有求知欲、食欲、嗜欲、物欲、控制欲、七情六欲、欲壑难填等。用例如下：

（1）他去住院那天，同寝室的人都很难过，谁也没去上课，和一个求知[欲]那么强的人在学校里告别，心里很不是滋味……（当代\报刊\报刊精选\1994 年《报刊精选》04）

（2）烤肉端上来了，“刺啦、刺啦”地直流油，发出喷鼻的香气，令人食[欲]大振。（当代\报刊\人民日报\rmrb_1993_12）

（3）许多人把嬉皮当作时髦的象征，却忍受不了断绝物[欲]的痛苦，于是披上嬉皮的皮毛，过着嬉皮最反对的物质生活。（当代\文学\台湾作家\1995 朱邦复 巴西狂欢节）

2. 动需要：后述事件为前述事件的必要条件。

该义项相当于《现汉》中的义项③“〈书〉需要”，但《现汉》采用了以词释词的释义模式，基于外向型学习词典应是以描述性话语释义的词典的理念，结合语料库中“欲”的语义搭配情况，我们将该义项描写为“动需要：后述事件为前述事件的必要条件”。

该义项在“欲”的平衡语料库中共有 10 条语料，占比为 0.1%。该义项构成的复合词有胆欲大而心欲小、心欲小而志欲大等。用例如下：

（4）三十至四十，日夜注思，择利而行，位欲高，财欲厚，门欲大，子息欲盛，其名曰家计。（当代\报刊\读书\vol-043）

（5）【胆大心小】办事果断，考虑周全。《旧唐书·孙思邈传》：“胆欲大而

心欲小，智欲圆而行欲方。”（当代\应用文\词典\2002 鸽子树 中国成语大辞典_条目）

（二）基于宾语将来时间场景的“欲”的义项划分及描写

3. 动希望获得后述对象。

由框架语义学可知，上述每个过程都会对应一个注意焦点，每个注意焦点都会产生一个义项。当焦点落在第一步时，“欲”的主体论元为人，客体论元为事实、事物等，语义偏重想要得到后述对象，相当于《现汉》中的义项②“想要；希望”，对应《朗高》中“desire”的动词义项“to want something very much”。鉴于“词典释义稍长一些往往能保证释义的精确度更高一些”[①]，我们将该义项描写为“动希望获得后述对象”。

该义项在“欲”的平衡语料库中共有1705条语料，占比为17.05%。该义项构成的复合词有胆欲大而心欲细、“心欲小，志欲大”、随心所欲、欲求不得、“鱼，我所欲也；熊掌，亦我所欲也”等。用例如下：

（6）在洛克看来，儿童“是一张白纸或一块蜡，是可以随心所［欲］地做成任何式样的”。（当代\CWAC\AEM0016）

（7）谁还会有我当初那种［欲］求不得欲罢不能的尴尬和窘境呢？从这个角度讲，画摊儿的冷场，又令人欣慰。（当代\报刊\人民日报\rmrb_2000_01）

4. 动希望完成后述事件。

当焦点落在认知过程的第二步时，语义侧重点为主体论元（即人）希望完成客体论元（多为事件），于是产生了义项“动希望完成后述事件”。

该义项在“欲”的平衡语料库中共有2569条语料，占比为25.69%。该义项构成的复合词有欲哭无泪、欲盖弥彰、欲擒故纵等。用例如下：

（8）但她这样做，正好也上了严格的当。严格不是［欲］盖弥彰，而是［欲］擒故纵。（当代\文学\大陆作家\2007 刘震云 我叫刘跃进）

（9）［欲］消灭封建主义和资本主义，必动摇其根基，即封建文化和资产阶

① Sidney I Landau. 词典编纂的艺术与技巧[M]. 章宜华，夏立新，译. 北京：商务印书馆，2005：184.

级文化，而［欲］确立社会主义制度，必先确立社会主义文化。（当代\CWAC\APE0067）

（10）投资者可将其作为重要的投资参考依据。笔者［欲］通过对最近一期14只证券投资基金投资组合的研究以及与前几期组合的对比分析，揭示基金组合可能给中小投资者带来的市场机会和投资线索。（当代\应用文\社会科学\1999 Author WTO与中国）

5.副表将要，将近。

该义项在“欲”的平衡语料库中共有787条语料，占比为7.87%。该义项构成的复合词有摇摇欲坠、昏昏欲睡、震耳欲聋、呼之欲出、东方欲晓、青翠欲滴等。用例如下：

（11）只见画面上呼之［欲］出的齐白石大师倚着一株老树，仰面开怀大笑，他举起的钓鱼竿上挂着一条大鱼。（当代\报刊\作家文摘\1995年1—6月《作家文摘》）

（12）看台上震耳［欲］聋的鼓锣声此起彼伏，赛场里疾速弹出的飞腿令人眼花缭乱。（当代\报刊\新华社\新华社2001年10月新闻报道）

（13）这使我们联想起当今世界残酷的轰炸，它摧毁了摇摇［欲］坠的古老建筑，正因如此，我们才有可能重新建起更为现代化的城市。（当代\翻译作品\应用文\2003 吴象婴_梁赤民 全球通史）

四、结语

综上，我们建议外向型汉语学习词典将“欲”的义项划分及描写如下：①名希望获得或完成特定对象的心理状态。②动需要：后述事件为前述事件的必要条件。③动希望获得后述对象。④动希望完成后述事件。⑤副表将要，将近。

第五章

基于语料库的了解类心理动词义项划分及描写

现有的汉语学习词典对了解类心理动词的释义比较模糊，导致留学生在学习时易产生偏误。如“懂”“知道”在泰语中为同一个词，泰国留学生在使用这两个词时经常混淆。因此，如何使“懂”的释义更加明晰成为词语释义亟须解决的问题。

本章选取了解类心理动词中的“懂”“知”“悟”“觉”作为研究对象，基于CCL 语料库，以论元结构理论为主要理论依据，结合时间场景，对四个词的义项进行了重新划分与描写。

第一节　心理动词“懂”的义项划分及描写

“懂”是《国际中文教育中文水平等级标准》中的二级字（同时也是二级词），《HSK 词汇大纲》中的甲级词，在《现代汉语频率词典》中频率排名为第853 位，使用度排名为第 473 位，是常用词。现有汉语词典中“懂”的释义鲜少运用语料库技术，因此漏收了一些常见义项。本节基于 CCL 语料库，全面考察“懂”的义项分布情况。

一、“懂”的平衡语料库的建立及标注

“懂”在 CCL 语料库中共有 31075 条语料，我们下载“懂”的全部语料并将其导入 Excel 表中建立“懂”的总语料库，然后按照一定比例从中抽取10000 条语料建立“懂”的平衡语料库并进行标注。具体语料抽样情况如表 5–1所示。

表 5-1 “懂”的语料抽样统计表

二级分类	三级分类	下载语料	抽样语料
当代	CWAC	242	200
	口语	269	269
	史传	369	200
	应用文	1018	500
	报刊	14898	1500
	文学	6359	2571
	电视电影	1054	1054
	相声小品	270	261
	网络语料	1782	1274
	翻译作品	3643	1000
现代	戏剧	97	97
	文学	1074	1074
合计		31075	10000

在“懂”的平衡语料库中有 10 条专有名词语料。这 10 条语料对“懂”的义项划分没有研究价值，所以我们未对其进行义项标注与分析，在此不做讨论。因此，该平衡语料库的有效语料为 9990 条。

二、时间性在“懂”的场景划分中的作用

汉语学界已有少数学者开始运用论元结构理论从句法层面研究动词义项分布情况，取得了可喜的成果。但论元结构理论有其自身缺点，它不能完全解释清楚“懂”等心理动词各义项之间的区别。心理动词各义项之间的区别，必须考虑其时间性，再配以论元结构理论，才能解释清楚。本节以“懂”为例说明了这种情况。“懂”的义项与内在时间性密切相关，表示人对事物的内在认知过程，而与外在时间性无关。

三、基于时间场景与论元结构的“懂”的义项划分及描写

“懂”的内在时间场景可描写如下：先是人脑通过感觉器官从外部环境中获得信息，接着开动脑筋思考问题，继而产生一系列心理活动，这些心理活动

构成了一个完整的认知过程。一个完整的认知过程主要包括五个步骤：第一步，人脑通过感觉器官感触外部事物从而知道事物；第二步，知道事物后，了解事物；第三步，在了解事物的基础上理解事物；第四步，理解事物后明白事物；第五步，明白事物后根据已知信息推断出新的信息。这一认知过程没有明显的外在时间顺序，但逻辑上蕴含着认知先后顺序，这便是“懂”的内在时间性的表现。具体过程如图 5-1 所示。

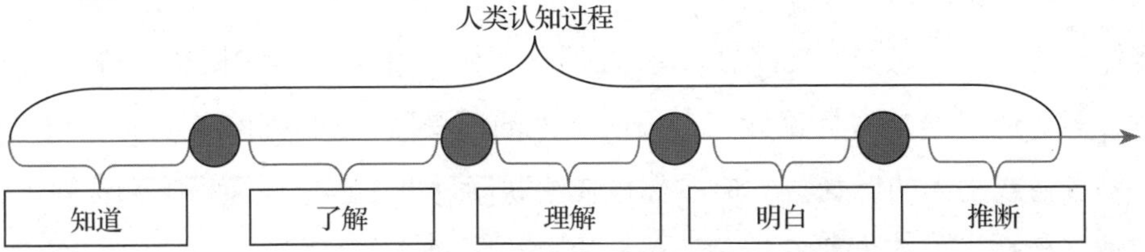

图 5-1　“懂”的认知过程

根据这种内在时间顺序，“懂”的义项可以做如下划分：

1. 动知道某种专门的技术或学问。

认知过程的第一步：“懂”的客体论元为“知识”“语言”“技能”“字画”“法律”“用法”“管理”等知识技能信息，这时“懂”就有“知道”的意思。如：“总而言之，道光年间的中国人，完全不懂国际公法和国际形势。”该句中的主体论元为“中国人”，并且特指“道光年间的中国人”；客体论元为“国际公法和国际形势”。本句意在阐述由于道光年间的中国人鲜少接触国际事务，所以不知道“国际公法和国际形势”的知识。通过感官对外界事物的感知才能知道“国际公法和国际形势”相关学问。通过增加客体论元“某种专门的技术或学问”，我们将该义项描写为“动知道某种专门的技术或学问”，这相当于《现汉》中已有义项“知道；了解”的前半部分“知道”义。

该义项在“懂”的平衡语料库中共有 3080 条语料，占比为 30.8%。用例如下：

（1）说起来怕大王不［懂］，凡出土的字画，如果不清除内含的腐气重新装裱，那字画就会像死人的尸体一样慢慢腐蚀成一片粉末儿！（当代 \ 报刊 \ 作家文摘 \1996 年 7—12 月《作家文摘》）

（2）使学生初步［懂］得商品的生产、经营和管理。（当代 \CWAC）

（3）使广大消费者知法、[懂]法、用法。（当代\报刊\报刊精选\1994年《报刊精选》04）

（4）你们不[懂]，下处地方儿那原来都是逛窑子的过去。（当代\口语\1982 童静娴_马增志等 1982年北京话调查资料）

2. 动了解自己或别人的感受。

认知过程的第二步："懂"的客体论元为"心""人意""笑""尊重""同体共生"等抽象信息，这时"懂"就有"了解"的意思。该义项主体论元多为人，客体论元多为"感受""磨难"等抽象信息，如"懂得艰辛""懂得磨难""懂人意"等。通过增加客体论元"自己或别人的感受"，我们将该义项描写为"动了解自己或别人的感受"。如："你也在苏联读过书，也应该懂得一个苏联人的感情，现在，你连人之常情都不懂，真是白懂俄文了。"该句中的主体论元为"你"，客体论元为"苏联人的感情""人之常情"。在本句中，"人"知道人类的感情后，了解到人之常情。这相当于《现汉》中已有义项"知道；了解"的后半部分"了解"义。

该义项在"懂"的平衡语料库中共有2900条语料，占比为29%。用例如下：

（5）老天也[懂]人意，这时风停雨微，令人爽快惬意。（当代\报刊\报刊精选\1994年《报刊精选》05）

（6）克里斯在几年后会真正[懂]扶桑这个笑。（当代\文学\大陆作家\1996 严歌苓 扶桑）

（7）八一军体大队的领导很[懂]得运动员的心。（当代\报刊\人民日报\rmrb_1994_02）

3. 动理解别人的意图或想法。

认知过程的第三步："懂"的客体论元为事，这时"懂"就有"理解"的意思。人的认知过程到达"理解"阶段，表明人已能掌握并处理一定的技术、学术问题。该义项主体论元多为人或动物，如"我""猫"等，客体论元多为"目的""想法"等。通过增加客体论元"别人的意图或想法"，我们将该义项描写为"动理解别人的意图或想法"。如："住房不能太小，家里不能有小孩子。女儿怕小孩子不懂事，会虐待'大大'和小灰，或不知深浅地握着它们，把它们掐死。”该句的主体论元为“小孩子”，客体论元为“事”（实际上为规则）。要通过主体可能或已然的行为来反映客体，本句的行为是“会虐待‘大大’和小灰”，了解小孩子可能会出现的行为后，判断小孩子是否理解别人的目的和想法，于是产生了义项“理解别人的意图或想法”。

该义项在“懂”的平衡语料库中共有492条语料，占比为4.92%。用例如下：

（8）吃汤圆，庆团圆，增一岁，小孩儿要更加［懂］事。（当代\应用文\健康养生\2010 吕万安 一看就懂的中医养生智慧）

（9）儿童刚生下来时是无知无识的，到五六岁［懂］点事了，但仍然会向你提出：“为什么我走路，月亮也跟我走，我停下，月亮也停下？”（翻译作品\应用文\1990 方富熹_方格 儿童心理）

（10）他整个人彻底脱胎换骨了，学习刻苦不说，还变得非常有礼貌和［懂］事。（当代\史传\2007 彭征_张路 史玉柱传奇）

4. 动明白：a. 明白别人说的话。b. 明白事情或观点的原因。

认知过程的第四步：“懂”的客体论元为“道理”“事理”“话”“梦”等抽象信息，这时“懂”就有“明白”的意思。“明白”会产生两种结果：

第一种结果：明白别人说的话。人在理解别人的目的或想法后，进而明白了别人说的话或事情的缘由。主体论元多为人，范围论元多为会话交谈过程中的话题，如“古典音乐”“书”，特指主体论元所说的话语等。通过增加客体论元“话”及对象论元“别人”，我们归纳出“明白”的子义项a“明白别人说的话”。如：“不知道他是故意的还是不耐烦，你懂我那意思吗？”该句的主体论元为“你”，客体论元为“那意思”。在该句中，通过主体的行为可以判断主体对客体的反应，判断主体是否明白客体，由此得出“懂”的意思是“明白别人说的话”。

该义项在“懂”的平衡语料库中共有2935条语料，占比为29.35%。该义项构成的复合词有听懂、看懂、懂话等。用例如下：

（11）林之孝家的后进来，没有看到这种神态，也就听不［懂］凤姐的下面一段话。（当代\CWAC）

（12）其实刚开始说这话，我还没［懂］。最后多了，回家想想，看英雄还

用花钱吗?(当代\口语\对话\2008 鲁豫_史光柱_张晓君_等 鲁豫有约_沉浮)

(13)想问问人,可是不[懂]话。(当代\文学\大陆作家\1962 欧阳山 苦斗)

第二种结果:明白事情或观点的原因。通过增加客体论元“事情或观点的原因”,我们归纳出了“明白”的子义项 b“明白事情或观点的原因”。如:“所以孔子说他三十而立,是指他这时候懂得了礼,言行都很得当。”该句的主体论元为“孔子”,客体论元为“礼”,蕴含着他明白了“礼”背后的原因,即理据的意思,由此得出“懂”的意思是“明白事情或观点的原因”。

该义项在“懂”的平衡语料库中共有 483 条语料,占比为 4.83%。该义项构成的复合词有懂道理、懂梦、懂事理等。用例如下:

(14)言传,就要[懂]道理、识大体、明是非并有一定的文化水平,以此来指导和督促孩子。(当代\报刊\人民日报\rmrb_1994_02)

(15)她跟刘招华的相遇,却仿佛是一场从来也没有弄[懂]的梦。(当代\口语\对话\2005_8_1 胡玥_李宪辉等 女记者与大毒枭刘招华面对面)

(16)倘若他见我病着,仍开口讲了,那么证明他是个不[懂]事理的大学生,应坚决地回答一次“不!”。(当代\文学\大陆作家\1994 梁晓声 表弟)

考虑到简明性原则,我们为该义项设立导航词,将其描写为“动明白:a. 明白别人说的话。b. 明白事情或观点的原因”。

5. 动根据已知信息推断出新的信息。

认知过程的第五步:“懂”的客体论元为“心思”“嘴型”“立场”“推理”“逻辑”等,这时“懂”就有“推断”的意思。人在明白别人说的话或明白事理后,就能根据已有信息推断未知信息。主客体论元多为人或人的想法等抽象概念,具体语料中隐含“推断”之意。如下面的例(17),该句中的主体论元为“他(她)”,客体论元为“您的心思”,该句中隐含着“推断”的意思,即因为儿女的身上流淌着的是您的血液,所以您的心思他(她)能推断出来。又如:“你看,我做得这样好。我简直把你的心猜透了。我完全懂得你的心。”该句中的主客体论元均为“人”,该句中隐含着“推断”的意思,即从我做的事情中可以推测出你的心思。由此我们归纳出“懂”的义项“动根据已知信息推断出新的信息”。

该义项在“懂”的平衡语料库中共有 100 条语料,占比为 1%。用例如下:

（17）儿女的身上流淌着的是您的血液，您的心思，他（她）定然能［懂］！（当代\应用文\健康养生\2008 闻卓 给老爸老妈的 100 个长寿秘诀）

（18）对着她说了最后一句话，没有声音，只有嘴形，但她应该［懂］得，那是——我爱你。（当代\文学\大陆作家\2009 李承鹏 寻人启事）

（19）你自己当然要有你自己的立场、态度和推理的方法，一方面你还要［懂］得对方的立场、态度和推理的方法。（当代\应用文\社会科学\2011 Author 第 03 单元 _ 哈佛经理的能力）

四、结语

综上，我们建议外向型汉语学习词典将“懂”的义项划分及描写如下：①动知道某种专门的技术或学问。②动了解自己或别人的感受。③动理解别人的意图或想法。④动明白：a. 明白别人说的话。b. 明白事情或观点的原因。⑤动根据已知信息推断出新的信息。

第二节　心理动词“知”的义项划分及描写

“知”是《国际中文教育中文水平等级标准》中的一级汉字，在 CCL 语料库中排第 263 位，在《现代汉语频率词典》中排第 493 位，可见“知”是常用词，具有普适性，值得研究。

一、“知”的平衡语料库的建立及标注

“知”在 CCL 语料库中共有 374883 条语料，我们下载“知”的全部语料并将其导入 Excel 表中建立“知”的总语料库，然后按照一定比例从中抽取 10000 条语料建立“知”的平衡语料库并进行标注。具体语料抽样情况如表 5–2 所示。

表 5–2 “知”的语料抽样统计表

二级分类	三级分类	下载语料	抽样语料
当代	CWAC	5732	100
	口语	1790	500

续表

二级分类	三级分类	下载语料	抽样语料
当代	史传	3804	100
	应用文	13083	1000
	报刊	192308	500
	文学	61952	2900
	电视电影	10245	1000
	相声小品	1805	500
	网络语料	20154	1000
	翻译作品	54407	1000
现代	戏剧	747	400
	文学	8856	1000
合计		374883	10000

在“知”的平衡语料库中有 65 条专有名词语料，主要出现在药名、人名、动物名中。这 65 条语料对“知”的义项划分及描写没有研究价值，所以我们未对其进行义项标注与分析，在此不做讨论。因此，该平衡语料库的有效语料为 9935 条。

二、时间性在“知”的场景划分中的作用

作为了解类心理动词，“知”与内在时间性密切相关，这符合人类对事物认知的逻辑顺序。因此，我们以内在时间性来描写“知”的认知场景。

三、基于时间场景与论元结构的“知”的义项划分及描写

“知”的认知场景可以分为如下步骤：第一步，人们在日常生活中通过身体感官接收信息，大脑处理后，会对外界事物形成自己的意识或感受；第二步，人们对事物发展拥有自己的认知感受后，会对客观世界产生认知从而获取知识；第三步，人们获取知识后，大脑会对接收的信息内容进行加工内化，理解后产生自己的经验，从而使（别人）知道；第四步，获得的信息达到一定量后，人们能够将相关理论知识融会贯通，此时，因为信息量的累积，人们能对某些信

息运用自如，甚至根据已知信息推断未知信息。该认知过程隐含着人的内部认知逻辑顺序。具体过程如图 5–2 所示。

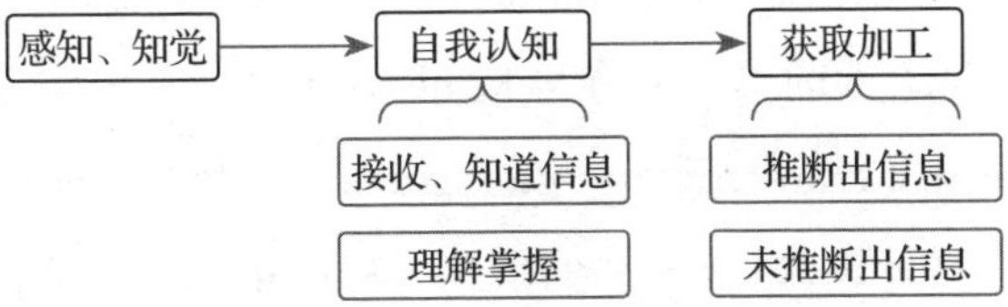

图 5–2 “知”的认知过程

根据这个认知顺序，“知”的义项可以做如下划分：

1. 动意识到某事。

认知过程的第一步：人的身体感官接收信息，大脑处理后，会对外界事物形成自己的意识或感受。

该义项为在语料标注过程中发现的新义项，其主体论元主要为表人的名词，如“心”“用人”“王兰”“阿云”，客体论元主要为表事物的名词，如“影响”“现象”“关系”“性灵”“事物”“能力”“疼痛”“面孔”“身体”。人的身体感官接收信息，大脑处理后，会对外界事物形成自己的意识或感受，此时“知”就产生了新义项“意识到某事”，相当于《牛高》中“ know”的义项 2“ to realize something”。

该义项在“知”的平衡语料库中共有 152 条语料，占比为 1.52%。该义项构成的复合词有感知、知觉、不知不觉等。用例如下：

（1）每次，我听着风铃，感［知］风的存在，这时就会觉得我们的生命如风一样地流过，几乎是难以掌握的。（当代 \ 文学 \ 台湾作家 \1999 林清玄 林清玄散文）

（2）教育现象是客观存在的，是教育实践的产物。人们可以感［知］它、认识它。（当代 \CWAC）

（3）他的身体状况大为好转，下肢慢慢有了［知］觉，甚至能稍稍离开轮椅。（当代 \ 应用文 \ 社会科学 \2011 Author 第 01 单元 _ 哈佛经理职业素质）

2. 名知识：为了人才培养而学习的某领域的知识。

认知过程的第二步：人对外界有感知和知觉之后，会吸收接收的信息并形成知识。

汉语学习词典都将该义项描写为“知识”。外向型英语词典对“know”的释义相对更为具体，但也不全面。其中《柯高》对“know”的释义包含了“knowledge：awareness, consciousness, or familiarity gained by experience or learning”。《韦氏英语大词典》中有“Know[2]：KNOWLEDGE—in the know: in possession of exclusive knowledge or information”的释义。通过考察语料，我们将“知”的关于“知识”的这一义项按照“功用角色+行为角色+构成角色”的排序，重新描写为“名知识：为了人才培养而学习的某领域的知识”。

该义项在“知”的平衡语料库中共有836条语料，占比为8.36%。该义项构成的复合词有知识、求知、无知、真知、蒙昧无知等。用例如下：

（4）通过系统的学校教育，培养具有较高科学文化［知］识和管理才能的政治领导者，已成为世界各国共同的发展趋势。（当代\CWAC）

（5）人的载体，如个人所拥有的［知］识、道德等。（当代\CWAC）

（6）那么，要使教育起主导作用，必须激发学生的求［知］欲和上进心。（当代\CWAC）

3. 动使（别人）知道信息。

认知过程的第三步：人类获取知识后，大脑会对接收的信息内容进行加工内化，形成自己的经验，然后使（别人）知道。

信息接收是双方共通的过程，因此，当认知焦点集中在客体是否接收到信息上时，“知”就产生了“使（别人）知道信息”的意思。此时主体论元多为各种组织机构，如“国务院”“上海体委”“中央军委”“省人民政府”“商店”“学校”。有时主体论元也可由“人”来担任，但这类人通常代表某一组织或者处于有权势的一方，如“下午她接到父亲宋耀如的通知”。客体论元多为人或者由人构成的组织，如“让东方队给中国篮协发传真，告知他们与姚明的合同已经解除”。该句中的主体论元为“东方队”，客体论元为“中国篮协”，方式论元为“发传真”，该句表达的是下级（东方队）以发传真的方式告知上级（中国篮协）他们与姚明的合同已经解除了这一信息。

多数汉语词典都收录了该义项，然而均采用了以词释词的释义模式，如《现汉》和《当学》中的释义为“使知道”，《商学》中的释义为“使（别人）知道”。我们遵从描述性话语释义原则，在《商学》释义的基础上增加客体论元，将该义项描写为“动使（别人）知道信息”。

该义项在“知”的平衡语料库中共有 320 条语料，占比为 3.2%。该义项构成的复合词有通知、知会、告知、知单、知照等。用例如下：

（7）星期日，巴尔舍夫斯基的人员［知］会酒店退房事。（当代\应用文\社会科学\1999 Author WTO 与中国）

（8）对有病的，提前通［知］家属来接或由监狱、劳改场所派人护送。（当代\应用文\中国政府白皮书\中华人民共和国国务院新闻办公室 中国改造罪犯的状况）

（9）进入商店并告［知］抵达。（当代\应用文\社会科学\2011 Author 第 01 单元 _ 哈佛经理职业素质）

4. 动知道：a. 知道某件事情。b. 懂得某个道理。c. 人或物因某一成就或特点而被多数人知道。

认知过程的第四步：使人知道了某信息后，人就知道了某件事情。外向型汉语学习词典未将“知道”分立义项，我们将“知道”分立为三个子义项：a. 知道某件事情。b. 懂得某个道理。c. 人或物因某一成就或特点而被多数人知道。

a. 知道某件事情。

当“知”的主体论元为人，客体论元为“消息”“情形”等具体信息时，“知”有“知道”的意义，相当于《现汉》中的义项①“知道”。不过，《现汉》未将“知”的具体意义“知道某件事情”与抽象意义“懂得某个道理”分立义项。因此，我们增加客体论元“某件事情”，把该义项描述为“知道某件事情”。

该义项在“知”的平衡语料库中共有 3713 条语料，占比为 37.13%。该义项构成的复合词有知无不言、熟知、一无所知等。用例如下：

（10）明天当人们读到报纸，得［知］消息，海内外的炎黄子孙和一切关注中国命运的外国友人都将为此而欢呼。（当代\史传\1999 程广 _ 叶思 宋氏家族全传）

（11）你［知］道 2000 年悉尼奥运会上是谁举着中国国旗吗？（当代\史传\2004 姚明 我的世界我的梦）

（12）至于以后起义的决定、过程及其他详细情形，孙中山就一无所［知］

了。(当代\史传\1999 程广 _ 叶思 宋氏家族全传)

b. 懂得某个道理。

通过语料标注我们发现，当主体论元为人，客体论元为某个道理，如“满足”“道理”“书”“其一”“其二”等时，“知”有“懂得”的意思。因此，主体论元不变，我们为其增加客体论元“某个道理”，将该义项描写为“懂得某个道理”。

该义项在“知”的平衡语料库中共有2755条语料，占比为27.55%。该义项构成的复合词有知足、知其一不知其二、知错就改、知书达理、温故知新等。用例如下：

(13) 他也 [知] 道可怜之人必有可恶之处，但是只要一碰见可怜的人，他的心总是会变。(当代\文学\台湾作家\1973 古龙 陆小凤传奇)

(14) 杜玲玲忍不住笑了起来道：“你倒是不 [知] 足呀，像这种好生意做一回还不过瘾?”(当代\文学\台湾作家\1977 古龙 圆月弯刀)

(15) 如果在古代，曾子墨应该是那种典型的名门闺秀。家世正统而优越，[知] 书达理，琴棋书画样样拿手。(当代\应用文\健康养生\2006 张晓梅 修炼魅力女人)

c. 人或物因某一成就或特点而被多数人知道。

人类为了适应社会的集体生活，势必会形成一致的评价标准。当人的注意焦点集中在“某一成就或特点”上时，“知”就有了“知名”“众所周知”“广为人知”的意思。此时，主体论元多为人或跟人有关的某种情况，如“自己”“各位”“就业形势”“社会”等，客体论元多为生命体或由生命体构成的组织，如“人士”“专家”“科学研究工作者”“昆虫和毒蛇”“乐团”等。如“与会者将有杜威、罗素、孟森等世界教育文化界知名人士，并推定杜威、冯玉祥担任追悼大会主席”这个句子中，主体论元为“与会者”，客体论元为“大会主席”。

《柯高》中有类似义项：“If someone or something is known for a particular achievement or feature, they are familiar to many people because of that achievement or feature.”现有的外向型汉语词典未收录该义项。因此，我们基于语料库，并借鉴英语词典释义，将该义项描写为“人或物因某一成就或特点而被多数人知道”。

该义项在“知”的平衡语料库中共有184条语料，占比为1.84%。该义项构成的复合词有众所周知、知名、广为人知、鲜为人知等。用例如下：

（16）中国多年来坚持不懈的努力是众所周［知］的。（当代 \ 应用文 \ 中国政府白皮书 \1991 中华人民共和国国务院新闻办公室 中国的人权状况）

（17）紧跟在宋庆龄身后的其他各位，也都是当时社会上的［知］名人士，其中有诸青来、彭文应、张定夫、胡愈之、汪馥炎、张宗麟。（当代 \ 史传 \1999 程广 _ 叶思 宋氏家族全传）

（18）当更有利的就业形势更加广为人［知］时，找工作的人就会修正他们对于就业机会的预期。（当代 \ 翻译作品 \ 应用文 \1994 鲁晓龙 _ 李黎 价格理论）

5. 名成为某人的知己，有时也指志同道合的朋友。

认知过程的第五步：人们知道某个事情，并懂得某个道理后，能够深入别人的内心，成为别人的知己。

该义项相当于《现汉》中的义项④“〈书〉知己：新 ~|~ 友”。《现汉》对该义项采取的是以词释词的释义模式，例证也是词语，不利于外国学习者理解。《现规》中将该义项描写为“名指知己：他乡遇故 ~| 新 ~”，释义增加了释义提示词“指”，例证则 50% 是句证，50% 是词证。可见，《现规》的释义比《现汉》更容易让学习者理解。然而，《现规》仍未解决以词释词的问题。通过考察“知”的物性角色，我们发现：“知”的施成角色主要为“成为”，如“成为、做、看作、当成”；构成角色主要为“人”，如“他们、表兄、孩子们、自己、我”；评价角色主要为“志同道合”“终身不渝”。语料库中突显“知”的施成角色的语料约占 30%，突显构成角色的语料约占 60%，突显评价角色的语料约占 10%。在描写“知”的该义项时，我们不仅考虑其物性角色的频率，同时也考虑人类认知过程的内在时间性。在人们的认知概念中，与“知己”最近的概念为“成为”，其次为“某人”。一个人成为某人的知己后，通过隐喻机制，将“成为知己”这一动作投射到“朋友”上，就形成义项“志同道合的朋友”，如“在家乡再遇见他乡的故知，一回熟，两回生，渐渐地也就疏远了”，对应到物性角色上即“施成角色 + 构成角色 + 评价角色”。所以，我们将该义项描写为“名成为某人的知己，有时也指志同道合的朋友”。

该义项在“知”的平衡语料库中共有 191 条语料，占比为 1.91%。该义项构成的复合词有知音、知己、知心、新知、故知、知友、相知等。用例如下：

（19）哥们，可找到［知］音了。（当代\2000s\2006\网络语料\博客\2006 Author 博客世界杯）

（20）这位仁兄竟把我这位“初交”当成“［知］己”。（当代\报刊\报刊精选\1994年《报刊精选》01）

（21）通过史沫特莱的介绍，宋庆龄和他们成了终身不渝的［知］心朋友。（当代\史传\1999 程广_叶思 宋氏家族全传）

6. 动 对未知信息或事物形成主观判断与推测：a. 基于已知信息判断未知信息。b. 基于已知信息未预测到未知信息。

认知过程的第六步：人在对事物、道理具备自己的认知后，基于生活经验，能够熟练掌握相同的信息内容，并对未知信息或事物形成主观判断与推测。分为“知晓；可想而知”以及“哪知；谁知”两种情况。

a. 基于已知信息判断未知信息。

第一种情况：主体论元多为人，如“张学良”“孩子们”，方式论元如“通过望舌”“通过打击”等，客体论元多为某种情况，如“结果”“健康”等。如“山海关战事一开，张学良便知如再不抵抗，热河、河北就不能保住”，句中的主体论元为“张学良”，方式论元为“山海关战事”，客体论元为“热河、河北”。这个句子表达的是张学良根据“山海关战事一开”推测“如再不抵抗，热河、河北就不能保住”这一情况。其中“山海关战事一开”是已知信息，“再不抵抗，热河、河北就不能保住”是主体“张学良”的判断。汉语词典中鲜少收录该义项，然而英语词典《牛津简明英语词典》(第11版）中收录的“Know：be aware of through observation, inquiry, or information”义项与我们根据自建平衡语料库分析得出的义项相近。人类在日常生活中积累了一定的知识和经验之后，大脑能够通过已知信息推断出未知的信息，此时，“知”就会产生“知晓；可想而知”的意思。因此，基于语料，并且借鉴英语词典的释义，我们建议新增该义项，并将该义项描写为“基于已知信息判断未知信息”。

该义项在“知”的平衡语料库中共有359条语料，占比为3.59%。该义项构成的复合词有据我所知、由此可知、知道、可想而知、可知、已知、你知道的等。用例如下：

（22）望舌［知］健康。（当代\应用文\健康养生\2010 温长路 民谣谚语

话养生）

（23）孩子的自信心正在经受着无情的打击，接下来的结果可想而［知］。（当代\应用文\社会科学\2009 冯德全 说服孩子的对话：这样说孩子最能接受）

（24）由此可［知］，人的身心的最终发展方向、内容和水平都不是仅仅由遗传决定的。（当代\CWAC）

b. 基于已知信息未预测到未知信息。

第二种情况：主体论元多为人，如“陈其美”“家人”“电影队长”等具体的人；客体论元多为某人、某事、某情况，如“费老”“龙宫”“交通”。如“司机本想小心绕行，哪知这两人在路中间忽东忽西，甩臂踢腿，车子根本绕不过去”，句中主体论元为“司机”，客体论元为“这两人”，司机本来想要小心绕行，但是未推测到两人会在道路上忽东忽西等情况，即司机并未根据之前的经验积累预测出两人的动作行为。

该义项在汉语词典中鲜见，汉语词典收录的多为肯定形式。然而，我们发现，英语词典举例中的义项与平衡语料库中出现的义项有相似之处。英语词典中对词汇释义的肯定和否定形式均有收录，如《柯林斯英语词典》中对“know”的释义就包含“there is no knowing”的义项。人们基于自身经验可以推知一部分信息，但是有些事情不按常理发展，会出乎人们的意料，所以会产生“未知”“哪知”“谁知”等情况。因此，基于语料库，并结合英语词典释义，我们将该义项描写为“基于已知信息未预测到未知信息”。

该义项在“知”的平衡语料库中共有 127 条语料，占比为 1.27%。该义项构成的复合词有谁知、哪知、岂知、未知等。用例如下：

（25）电影队长慕名登门，谁［知］费老卧病在床。（当代\报刊\人民日报\rmrb_1993_07）

（26）哪［知］龙宫一日，世上甲子。（当代\文学\台湾作家\2006 朱天文 最好的时光 _ 侯孝贤电影记录）

（27）当时以为马上可以再见了，岂［知］交通与生活日益困难，使我不能早归。（当代\文学\1946_5_1 丰子恺 悼夏丏尊先生）

7. 动主管：管理一个地区的事务。

该义项属于中国文化词一类，与“知”字意义的演变过程密切相关。“知”字从矢从口，“矢”代表了作战与狩猎，在古代有“智慧”义。一个人有作战与狩猎的能力，且具备一定的智慧，能够全面认知事物，正是古代选任官员的重要标准之一。如《国语辞典》中收录的“知”字义项为“掌管、主持”，并对古文中的“知”字进行了列举。《国语·越语》：“有能助寡人谋而退吴者，吾与之共知越国之政。”《新唐书·卷八五·王世充传》：“帝爱昵之，拜江都通守，兼知宫监事。”从这些示例中可以看出，“知”在古汉语中的释义与《现汉》中收录的“旧时指主管：~县|~客。〈古〉又同‘智’zhì”的释义相近。

该义项形式角色的语义特征为“级别”或“地（人）名”，如“七品”“洛阳”“王”；行为角色的语义特征为“强权势方向弱权势方发布命令”或者“弱权势方向强权势方告知信息”，如“下令”“耳语”。又如“据说，洛阳知府也会拍马屁，将玉带献给了当时的元世祖忽必烈”，句中的形式角色为“洛阳”，行为角色为“拍马屁”。

该义项在中国历代语文词典中多有收录，而外向型汉语词典中未收录该义项。我们认为，该义项虽然占比低，但是它是中国文化传承下来的文化词，有利于中华文化的海外传播，建议外向型汉语词典收录该义项。基于语料库，在《现汉》原义项的基础上，突显“知”的客体论元“一个地区的事务”，我们为该义项增加导航词“主管”，增加客体论元“一个地区的事务”，将该义项描写为“动主管：管理一个地区的事务”。

该义项在“知”的平衡语料库中共有68条语料，占比为0.68%。该义项构成的复合词有知县、知客、知府等。用例如下：

（28）脸色一变，上前向王［知］府耳语了几句。（当代\电视电影\文艺\2006 朱秀海 乔家大院）

（29）乙：七品［知］县？（当代\电视电影\文艺\2006 朱秀海 乔家大院）

（30）［知］府一声令下，宋江马上被打得屁股稀烂。（当代\网络语料\2005 王小枪 无厘头水浒故事：完全强盗手册）

四、结语

综上，我们建议外向型汉语学习词典将“知”的义项划分及描写如下：①动意识到某事。②名知识：为了人才培养而学习的某领域的知识。③动使（别人）知道信息。④动知道：a. 知道某件事情。b. 懂得某个道理。c. 人或物因某一成就或特点而被多数人知道。⑤名成为某人的知己，有时也指志同道合的朋友。⑥动主管：管理一个地区的事务。⑦动对未知信息或事物形成主观判断与推测：a. 基于已知信息判断未知信息。b. 基于已知信息未预测到未知信息。

第三节　心理动词“悟”的义项划分及描写

一、“悟”的平衡语料库的建立及标注

“悟”在 CCL 语料库中共有 14603 条语料，我们下载“悟”的全部语料并将其导入 Excel 表中建立“悟”的总语料库，然后按照一定比例从中抽取 10000 条语料建立“悟”的平衡语料库并进行标注。具体语料抽样情况如表 5–3 所示。

表 5–3　“悟”的语料抽样统计表

二级分类	三级分类	下载语料	抽样语料
当代	CWAC	143	143
	口语	91	91
	史传	154	154
	应用文	1467	1000
	报刊	8408	4340
	文学	1915	1915
	电视电影	356	355
	相声小品	42	41
	网络语料	703	700
	翻译作品	963	900

续表

二级分类	三级分类	下载语料	抽样语料
现代	戏剧	15	15
	文学	346	346
合计		14603	10000

在“悟”的平衡语料库中有783条专有名词语料，主要出现在人名、借词、书名、地名中。这783条语料对“悟”的义项划分及描写没有研究价值，所以我们未对其进行义项标注与分析，在此不做讨论。因此，该平衡语料库的有效语料为9217条。

二、时间性在“悟”的场景划分中的作用

作为了解类心理动词，“悟”与内在时间性密切相关，这符合人类对事物认知的先后逻辑顺序。因此，我们以内在时间性描写“悟”的认知场景。

三、基于时间场景与论元结构的“悟”的义项划分及描写

季幼章、董俊国（1999）指出，人是经过与观察、注意、记忆、思维和想象相对应的信息收集、筛选、储存、编码和处理等一系列心理活动不断反复的过程才达到学习的目的的。由此可知，人的认知过程经历了“观察（信息收集）—注意（筛选）—记忆（储存）—思维（编码）—想象（处理）”五个步骤。这与“悟”的义项衍生的过程基本一致，即：觉悟（对事物由不解、不知道到有所了解和理解）—感悟；参悟（人对已知的规则道理有所注意后，能够基于已有的理解从中筛选出新的内容）—顿悟（了解一定的事物道理后，基于经验储存，对部分之前不知道的、较为浅显的规律能够突然有所了解，有自己的思想意识）—悟性（人基于经验，对事物的认知方式、过程逐渐内化，并进行编码加工，从而产生对事物认知理解的能力）—开悟；明悟（拥有认知能力后，可以凭借自身的能力对事物有清晰的认知）。这就是“悟”的五个认知过程。具体过程如图5–3所示。

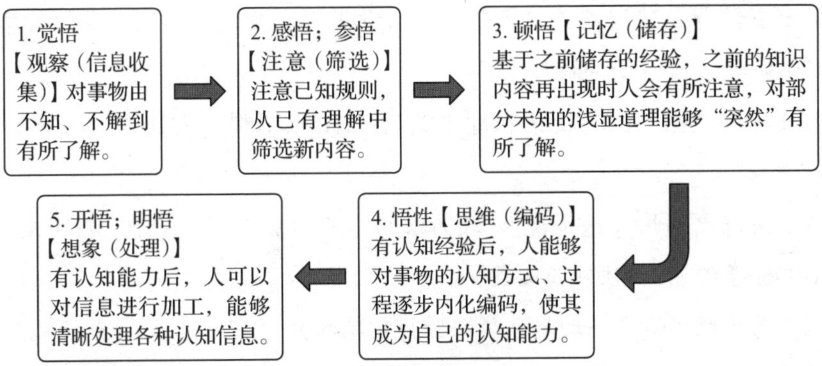

图 5–3　“悟”的认知过程

根据这个认知过程，“悟”的义项可以做如下划分：

1. 动 觉悟；醒悟；悔悟：人对某事或理论等由不解到有自己的理解。

“悟”的认知过程第一步：觉悟；醒悟；悔悟。人处于信息收集与观察的阶段，对信息的认知能够有所转变，搜集到一种信息后，能够对该信息有所了解。这时，主体论元多为“企业界、人民大众、上海人、教师本人、我们、良价禅师”等具体或抽象的人或群体，如“（我）才觉悟过来”“（徐迟）觉悟地……”“（县领导）终于醒悟”等；客体论元多为“业务员队伍、普通人、女性、人世本无道理可言、学生、戏剧”等具体人物、群体或者道理规则，如“他悟到（他正直的一生是被一个妓女宽恕下来的）”“明确觉悟到（阻谏的麻烦）”；方式论元多为“学习、谈、实践经验、争论、坏人暴露”等具体行为方式，如“（开展兵运工作，）使该军官兵具有一定的政治觉悟”“（提高职工思想业务素质，树立安全第一的意识，）建设一支觉悟高、素质好、水平高、作风硬的海洋工作队伍”。这时“悟”就有了“人对某事或理论等由不解到有自己的理解”的意思，即“觉悟；醒悟；悔悟”。该义项与《现汉》中的释义“了解；领会；觉醒”比较接近。《当学》中对“悟”的释义为“经过一段时间的困惑之后，思想认识忽然由模糊到清楚，由错误到正确”。《现学》中对“悟”的释义为“觉醒；觉悟”。其中《当学》遵循了描述性话语释义的原则。

该义项与英语词典《朗高》中收录的“realize”的义项“to know and understand something”接近。《麦高》中“realize”的义项与之相同。两本英语词典均采用了描述性话语释义的方式。因此，根据语料库考察并参考《当学》以及英语词典的释义情况，建议将该义项描写为“动觉悟；醒悟；悔悟：人对某事或理论等由不解到有自己的理解”。

该义项在“悟”的平衡语料库中共有3510条语料，占比为35.10%。用例如下：

（1）所以惠明悔［悟］说：“我为法来，不为衣来。”（当代\应用文\社会科学\1996 李钟鼎 佛法修正心要）

（2）苟能醒［悟］一切声色货利皆如空花水月，无可追求。（当代\应用文\社会科学\1996 李钟鼎 佛法修正心要）

（3）第三是令众生［悟］到佛知见，所以佛出现于世。（当代\应用文\社会科学\1991 芬陀利子明旸 佛法概要）

2.动感悟；参悟：理解或意识到一个特定的事实或情况，常为佛教用语。

认知过程第二步：感悟；参悟。当人收集到一定量的信息的时候，就会自觉地对已有知识有所注意，能够从已有的、理解的知识信息中筛选出新的内容。这时“悟”就有了“理解或意识到一个特定的事实或情况”的意思。该义项主体论元多为具体的人、身体部位或是某一抽象的行为主体，如“金碧峰禅师、脑子、王家卫、禅宗、黄山谷、大珠慧海禅师、大王、女儿”等；客体论元多为某一理论知识，也有具体的行为动作等，如“万有引力、佛法、宇宙人生的真理、样子、道理、动物俗名和意义之间微妙的关联”等；方式论元为具体的行为方式，如“(通过)看、(通过)开导、(通过)听、(通过)嘀咕、(通过)说、(通过)打量”等。在对语料进行穷尽性分析时，我们发现方式论元有时也可以省略，如“她顿悟：这就是人的潜力”，该句中的主体论元为“她”，客体论元为“人的潜力”，方式论元省略。在分析平衡语料库的过程中，我们发现该义项的语料多出现在佛教用语中，因此为该义项补充功用论元“佛教用语”，便于用户在实际语料中理解该义项。

在汉语词典中，该义项鲜少收录，而在英语词典中则有类似的释义。《朗高》对“realize”的释义包括“Understand: to know and understand something, or suddenly begin to understand it”以及“strike if an idea or thought strikes you, you suddenly think of it”。因此，基于语料库，并结合英语词典释义，我们将该义项描写为“动感悟；参悟：理解或意识到一个特定的事实或情况，常为佛教用语”。

该义项在“悟”的平衡语料库中共有2497条语料，占比为24.97%。该义项构成的复合词有感悟、参悟、顿悟、恍然大悟等。用例如下：

（4）如果你能在有限的生命中体［悟］到“无生”的道理。（当代\口语\对话\2007 星云大师_刘长乐 传媒大亨与佛教宗师的对话：包容的智慧）

（5）只是使你触摸这断面的质感，以［悟］其根系绵延，风霜雨雪。（当代\史传\2004 陆绍阳 中国当代电影史）

（6）经营者该从“卡拉OK现象”［悟］出些什么。（当代\报刊\报刊精选\1994年《报刊精选》03）

3. 动顿悟；恍然大悟：指人对某些道理突然有所了解，佛教中指在无杂念的情况下明白真理。

认知过程第三步：顿悟；恍然大悟。人在拥有一定信息量，并能够筛选信息后，会对之前的信息有所储存，在遇到相关信息时能够注意并有所甄别，进而对之前不理解的、较为浅显的知识信息突然有所了解。这时“悟”就有了“对某些道理突然有所了解”的意思。在分析“悟”的平衡语料库的过程中，我们发现其语料常出现在佛教用语中，表示“人在无杂念的情况下明白真理”。因此，基于语料库，我们将该义项描写为“动顿悟；恍然大悟：指人对某些道理突然有所了解，佛教中指在无杂念的情况下明白真理”。

该义项在“悟”的平衡语料库中共有1302条语料，占比为13.02%。该义项构成的复合词有感悟、参悟、顿悟、惊悟、恍然大悟等。用例如下：

（7）王家卫是顿［悟］的天才，《阿飞正传》是他的最高点。（当代\史传\2004 陆绍阳 中国当代电影史）

（8）老实巴交的阎成祥才恍然大［悟］。（当代\报刊\报刊精选\1994年《报刊精选》05）

4. 名悟性：自己对之前未认知的事物或道理的领会能力。

认知过程第四步：悟性。人对事物有认知经验，能够对认知的事物进行编码，逐步形成认知能力。此时主体论元多为具体人物，如“我们”“慧”“张学友”“修道”“无位真人”“众生”“永嘉禅师”等，用例如“（卓玛）是个很有悟性的女孩儿”“（沉默的少女）有多大的悟力”等；客体论元多为道理、行为或抽象的概念等，如“真谛”“佛法”“人生”等，用例如“禅悟出（其内在的人生成长意义和生命磨砺价值)”“悟到(这个道理)”；方式论元为具体的行为动作，如“(通过)看”“(通过)学习”“(通过)琢磨”“(通过)念佛参禅”“(通过)咨询”“(通过)说”等，用例如“在(争论)中健全理性，获取悟性”。但有时方式论元也可以省略，如“他是个十分颖悟的人”，主体论元为“他”，客体论元为“人”，方式论元省略，表示他是一个对事物理解、领会能力较强的人。

外向型汉语词典鲜少收录该义项，而英语词典中则收录了该义项，如《麦高》中“realize”的义项“to gradually begin to understand something that you did not know or notice before”与该义项相近。因此，我们基于语料库，并结合外向型英语词典的释义，将该义项描写为“名悟性：自己对之前未认知的事物或道理的领会能力”。

该义项在“悟”的平衡语料库中共有498条语料，占比为4.98%。该义项构成的复合词有悟性、领悟等。用例如下：

(9)所以，什么是宇宙人生的真理？因缘。[悟]到这个道理，二年级毕业了。(口语\对话\2007 星云大师_刘长乐 传媒大亨与佛教宗师的对话：包容的智慧)

(10)反面答案：[悟]性首次的和适当的对象是共相。(当代\翻译作品\应用文\1963 何兆武_李约瑟 西方哲学史)

(11)可以完全自由地运用人的智慧的敏[悟]性和洞察力。(当代\翻译作品\应用文\1982 黄建华_姜亚洲 自然法典)

5.动大彻大悟；明悟；开悟：凭借自己的智慧清楚地明白某些道理，佛教中指运用本心了解一切世间变化。

认知过程第五步：大彻大悟；明悟；开悟。人有认知能力后，对事物的认知理解会更加深入，能够凭借自己已有的能力，运用认知能力及思维，对事物产生新的认知。该过程经常出现在佛教思想中，即凭借自身的智慧，对某道理、事物拥有明确的理解。此时，主体论元为具体或抽象的人、群体，如“我”“比丘尼”“佛法”“佛陀”“女人”“农民”“六祖大师”等，用例如“(我们)真正理悟了”“(众多学人)往往以为悟得此”；客体论元为道理或抽象的概念，如“良机”“人”“境界”“无生”“入佛知见”等；场所论元为具体的场所，如“禅堂”“法堂”“金山寺”“菩提树下”等；方式论元为行为方式，如“(通过)

看”“(通过) 说”“(通过) 等”“(通过) 听闻”“(通过) 睹”等；材料论元为具体事物，如“《心经》”“明星”“庭院的梅花”等。于是“悟”就有了“凭借自己的智慧清楚地明白某些道理”的意思。

英语词典中“ realize”收录了该义项，如《柯高》中的“ realize”收录了义项“ to understand fully; apprehend”。对“悟”的平衡语料库进行穷尽性分析后，我们发现该义项经常出现在佛教用语中，所以建议为该义项增加范围论元“佛教”。最后，基于语料库，并结合外向型英语词典的释义，我们将该义项描写为“[动]大彻大悟；明悟；开悟：凭借自己的智慧清楚地明白某些道理，佛教中指运用本心了解一切世间变化”。

该义项在“悟”的平衡语料库中共有 1410 条语料，占比为 14.10%。用例如下：

(12) 行住坐卧无可无不可，方是真［悟］。(当代 \ 应用文 \ 社会科学 \ 1996 李钟鼎 佛法修正心要)

(13) 即使已大彻大［悟］，最后一分无明仍未破灭。(当代 \ 应用文 \ 社会科学 \1996 李钟鼎 佛法修正心要)

(14) 一旦明［悟］一心，息下狂心，就是菩提。(当代 \ 应用文 \ 社会科学 \ 1996 李钟鼎 佛法修正心要)

四、结语

综上，我们建议外向型汉语学习词典将“悟”的义项划分及描写如下：①[动]觉悟；醒悟；悔悟：人对某事或理论等由不解到有自己的理解。②[动]感悟；参悟：理解或意识到一个特定的事实或情况，常为佛教用语。③[动]顿悟；恍然大悟：指人对某些道理突然有所了解，佛教中指在无杂念的情况下明白真理。④[名]悟性：自己对之前未认知的事物或道理的领会能力。⑤[动]大彻大悟；明悟；开悟：凭借自己的智慧清楚地明白某些道理，佛教中指运用本心了解一切世间变化。

第四节　心理动词“觉”的义项划分及描写

一、“觉”的平衡语料库的建立及标注

“觉”在CCL语料库中共有171266条语料，我们下载“觉”的全部语料并将其导入Excel表中建立“觉”的总语料库，然后按照一定比例从中抽取10000条语料建立“觉”的平衡语料库并进行标注。具体语料抽样情况如表5–4所示。

表5–4 “觉”的语料抽样统计表

二级分类	三级分类	下载语料	抽样语料
当代	CWAC	1481	100
	口语	1975	500
	史传	1654	100
	应用文	6173	500
	报刊	68891	1000
	文学	36680	2402
	电视电影	5901	1000
	相声小品	483	100
	网络语料	10407	500
	翻译作品	31474	1000
现代	戏剧	202	202
	文学	5945	2596
合计		171266	10000

二、时间性在“觉”的场景划分中的作用

作为了解类心理动词，“觉”的义项与其内在时间性密切相关，这符合人类对于事物认知的先后逻辑关系。因此，我们结合内在时间性对“觉”的义项进行重新划分与描写。

三、基于时间场景与论元结构的“觉”的义项划分及描写

“觉”的认知场景可以分为如下步骤：第一步，人的身体感官接收到外界信息时会产生反应，即触觉、视觉、听觉等；第二步，人对外界信息有自己的反应后会发现、意识到某些事情或事物，即察觉、发觉；第三步，发觉某些事物后能够对事物有自己清晰的认知，甚至由此抒发自己的观点及内心感受，即觉悟、觉得；第四步，人对外界信息有自己的认知、观点后会形成经验，基于此，可以在大脑中形成自觉并根据已知信息在潜意识中生成自己的感受。“觉”的认知场景与人的认知步骤类似，均是由浅入深的过程，具体流程如图 5-4 所示。

图 5-4　“觉”的认知过程

根据这个认知过程，“觉”的义项可以做如下划分：

1. 动（人或动物的器官）对外界刺激的感受和辨别。

认知过程第一步：人的身体感官接收到外界信息时会产生反应，即触觉、视觉、听觉等。这时“觉”就有了“对外界刺激的感受和辨别”的意思。该义项主体论元多为具体的人或事，如“人”“自己”“儿童”“课件”“我”“用户”等，用例如“(初中生的）视觉”“(癌症病人的）视觉”等；客体论元如“效果”“感受性”“信息”等；部分语料中体现材料论元，如“眼睑肌肉”“第 8 脑神经”“头顶”“(脑部的）视觉中枢”“嗅觉（中枢)”“听觉（神经系统)”等身体部位；结果论元如“光滑细腻”“浑浊倦怠”“不清爽”等，用例如“不仅给人视觉做到营养均衡，保证身体健康，以及轻轻搓揉每一寸肌肤，借着嗅觉与触觉的感官刺激松弛细胞”。主体论元通过方式论元对材料论元进行加工，从而产生结果论元，由此形成义项“动（人或动物的器官）对外界刺激的感受和辨别”。

该义项相当于《现汉》中的义项①“(人或动物的器官）对刺激的感受和辨别”。《现规》《当汉》的释义与《现汉》近乎相同，分别为“对外界刺激的感受和辨别”“人或动物的器官对外部的感受和辨别”。两部词典的释义都增加了范围论元，分别为“外界”“外部”。该义项与英语词典《韦氏大学英语词典》(以下简称《韦氏》）中“feel”的释义“[+ obj] to be aware of (something that affects you physically, such as pain, heat or an object touching your body)”“quality of a thing that is experienced by touching it”“a particular quality”很相似，《牛高》中也收录了义项“the feeling you get when you touch something or are touched”。

因此，我们基于语料库，并结合外向型英语词典释义，在《现汉》释义基础上增加范围论元“外界”，将该义项描写为“名（人或动物的器官）对外界刺激的感受和辨别”。

该义项在“觉”的平衡语料库中共有983条语料，占比为9.83%。该义项构成的复合词有听觉、视觉、味觉、嗅觉、触觉等。用例如下：

（1）有关研究材料表明，初中生的视［觉］感受性比低年级小学生增高60%以上，具有较高的颜色辨别能力。（当代\CWAC）

（2）人的遗传素质的差异不仅表现在体态、感［觉］器官方面，也表现在神经活动的类型上。（当代\CWAC）

（3）如果缺乏铜元素，容易患老年性骨质疏松症和贫血；缺乏锌会出现味［觉］下降，嗅［觉］减退等症状。（当代\应用文\健康养生\1993 和秀红_杨志玲 养生与健美方法100例）

2. 动意识到某事或某人，即使你看不见、听不见。

认知过程第二步：人对外界信息有自己的反应后会发现、意识到某些事情或事物，即察觉、发觉。这时“觉”就有了“意识到某事或某人”的意思。该义项主体论元多为具体人物，如“青少年学生”“我”“女性”“自己”“敌人”“教授”等；客体论元如“她”“价格”“笑容”“罗盘”“变化”“青春”“背部”“分量”等；方式论元（有时可以省略）如“（通过）锻炼”“（通过）感知”“（通过）捉弄”“（通过）实践”等，“我们十几亿人呢，一唱感觉就是份儿”一句的方式论元即为“（通过）唱”。

该义项相当于《现汉》中的义项②“动觉得；感到”。但《现汉》采用的是以词释词的释义模式，简而不明，不利于将汉语作为第二语言的学习者理解。多部外向型英语词典中收录了该义项，如“feel”在《牛高》中的释义为“to become aware of sth. even though you cannot see it, hear it, etc.”，在《牛简》中的释义为“be aware of (something happening) through physical sensation”，在《韦氏》中的释义为“to be aware of (something) in your mind or emotions”，在《柯

林斯英语词典》中的释义为“If you feel the presence of someone or something, you become aware of them, even though you cannot see or hear them”，在《麦高》中的释义为“to notice something that you know is there but cannot see, hear, touch, or smell”。

由此可知，外向型英语词典均收录了该义项且均采用了描述性话语释义的方式，而外向型汉语词典的释义基本参考了《现汉》，与《现汉》释义用语基本一致，且均采用了以词释词的释义模式，不利于用户理解。因此，我们基于语料库，并结合外向型英语词典的释义，将该义项描写为“动意识到某事或某人，即使你看不见、听不见等”。

该义项在“觉”的平衡语料库中共有 1240 条语料，占比为 12.40%。该义项构成的复合词有警觉、察觉、发觉、不知不觉、自觉等。用例如下：

（4）这也就是我们常说的，一个人对自己情绪的［觉］察。（当代\CWAC）

（5）平时我们只知道向前挤进，甚至把自己赶入烦恼的牛角尖而浑然不［觉］。（当代\口语\对话\2007 星云大师_刘长乐 传媒大亨与佛教宗师的对话：包容的智慧）

（6）甚至连妻子走到我跟前，我也不会发［觉］她。（当代\报刊\报刊精选\1994 年《报刊精选》04）

3. 动对人、事、物等有清晰的认知：a. 自觉：人对某事或某物有意识清醒的认知。b. 觉醒：对道理或理论知识的认知从迷茫到清晰。c. 觉得：认为或相信某事确实如此；有特定的观点或态度。

认知过程第三步：发觉某些事物后能够对事物有自己清晰的认知，甚至是由此抒发自己的观点及内心感受，即觉悟、觉得。这个阶段可以分为三小步，分别为自觉、觉醒、觉得，下面分别进行分析。

a. 自觉：人对某事或某物有意识清醒的认知。

第一小步：人发觉某些事物后，对事物有了清晰的认知。这时主体论元多为具体的人或组织，如“群众”“少年”“人类”“大家”“国有企业”等，用例如“专业技术人员缺乏主动求学的自觉性”；客体论元多表达事物的发展及下一步采取的措施，如“秩序”“阶段”“行动”“改革”“监督”“拜金主义”等，用例如“（学生）自觉地抵制和克服不良影响和习惯”；方式论元如“（通过）认识和评价”“(通过)适应”“(通过)提高”“(通过)增强”；结果论元如“活动和行为”“全面发展”“领会了基本概念和基础理论”等。这时“觉”就有了“人对某事或某物有意识清醒的认知”的意思。

该义项在汉语词典中鲜有收录，然而英语词典中有类似的释义。《新世纪汉英大词典》中收录了“觉”的义项“ become aware/awakened”，《麦高》中收录了“觉”的义项“ feel it appropriate/necessary/important etc. to do something”。因此，我们基于语料库，并结合外向型英语词典的释义，将该义项描写为“自觉：人对某事或某物有意识清醒的认知”。

该义项在“觉”的平衡语料库中共有525条语料，占比为5.25%。用例如下：

（7）他们既有独立性又有依赖性，既有自［觉］性又有幼稚性。(当代\CWAC)

（8）我帮着江神父照料那些孤儿，感［觉］上，比帮你料理事业，似乎更有意义和成就感！(当代\文学\台湾作家\1994 琼瑶 烟锁重楼)

（9）整天协助老板周旋于生意场上，虽累但也颇［觉］新奇。(当代\史传\2005 卞庆奎 中国北漂艺人生存实录)

b. 觉醒：对道理或理论知识的认知从迷茫到清晰。

第二小步：人对事物有认知、发现以及自己的意识感受后，能够更深入地理解外界带给自己的信息。这时，主体论元多为具体的人或物，如“人”“企业界”“佛”“娜拉”“大上海”等，用例如“(社会主义)觉悟”“(自己的)觉性”“(青年一代的)觉悟”等；客体论元如“往事”“职工队伍”“心”“人民”“世界”“状况”“概念”“劳动者”等，用例如“觉醒的(开封市广大干部群众)”“觉悟(世界)”“觉醒的(心)”；方式论元如“(通过)谈”“(通过)解释”“(通过)思考”“(通过)区别”“(通过)获得”等，用例如“当时我(听)了心中就有一个觉悟”“在(沉思)中觉醒”。这时，“觉”便有了“对道理或理论知识的认知从迷茫到清晰”的意思，相当于《现汉》中的义项④“觉悟”。

外向型汉语学习词典以词释词的释义模式不利于二语学习者理解，因此，我们根据描述性话语释义原则，基于语料库考察，增加对象论元“道理或理论知识”、起点论元“从迷茫”和终点论元“到清晰”，将该义项描写为“对道理或理论知识的认知从迷茫到清晰”。部分汉语词典也收录了该义项，如《当学》中对该义项的描述为“从迷惑中明白或由不清醒变得清醒”，采用了描述性话语释义的方式。英语词典也多为描述性话语释义，如《韦氏》中收录的义项“ an understanding of something”以及“ an ability to use something or do something in a skillful way”。因此，我们基于语料库，结合《当学》及外向型英语词典的释义，将该义项描写为“觉醒：对道理或理论知识的认知从迷茫到清晰”。

该义项在“觉”的平衡语料库中共有 441 条语料，占比为 4.41%。该义项构成的复合词有觉悟、觉醒、先觉等。用例如下：

（10）以提高广大青少年和人民群众的思想［觉］悟和科学文化水平。（当代 \CWAC）

（11）中国和印度的古代文化都发生了“终极关怀的［觉］醒”。（当代 \ 口语 \ 对话 \2007 星云大师 _ 刘长乐 传媒大亨与佛教宗师的对话：包容的智慧）

（12）老先［觉］们时常教我们“无鱼，虾也好”“一兼二顾，摸蛤兼洗裤；有就摸蛤，无就洗裤”。（当代 \ 文学 \ 台湾作家 \1999 林清玄 林清玄散文）

c. 觉得：认为或相信某事确实如此；有特定的观点或态度。

第三小步：人内化外界信息后，就会基于经验看待事物，进而形成自己的判断。这时，主体论元多为具体的人物，如“游人”“云岩禅师”“我”“人家”“邓裕强”“自己”“名校生”等，用例如“(我) 觉得”“(游人) 觉得”“(邓裕强) 觉得”等；客体论元为抒发主体内心想法的词句，如“机会”“商业价值”“中国杂志”“增加风险”“安全可靠”等，用例如“觉得当当网是有可能的”“觉得美国社会有一种巨大的资本”；方式论元多为行为方式，如“(通过) 讨论”“(通过) 考察”“(通过) 选购”“(通过) 辅导”等，还可以是提问的方式，如“那时候你觉得奇怪，这是怎么回事呢？”一句中的方式论元隐含了“(通过) 问”。这时“觉”就有了“认为或相信某事确实如此；有特定的观点或态度”的意思。

该义项相当于《现汉》中的义项②“觉得；感到”。“觉”在《现规》中的释义为“感到”，在《当学》中的释义为“感到；觉得”，均采用了以词释词的释义模式。而英语词典采用的是描述性话语释义的模式，如《韦氏》对“ feel”的释义为“to have an opinion”“to believe or think (something)”，《牛高》的释义为“ to think or believe that sth. is the case; to have a particular opinion or attitude”,《朗高》的释义为“ HAVE AN OPINION”。因此，我们基于语料库，并结合英语词典的释义，将该义项描写为“觉得：认为或相信某事确实如此；有特定的观点或态度”。

该义项在“觉”的平衡语料库中共有 5704 条语料，占比为 57.04%。用例如下：

（13）因为他们［觉］得中国刑罚太重，审判手续太不高明。（当代\CWAC）

（14）必能有苦时不［觉］苦，有难时不［觉］难。（当代\口语\对话\2007 星云大师_刘长乐 传媒大亨与佛教宗师的对话：包容的智慧）

（15）这个对小孩子来说它很抽象，我［觉］得实际上就要告诉他……（当代\口语\对话\2002_9_23 王梓坤_柯惠新 关于教育的对话）

4. 直觉：a. 名人主观的思考方式，不基于事实或证据。b. 动从（某人）经历中产生结果或感受。

认知过程第四步：人对外界信息有自己的认知、观点后会形成经验，基于此，可以在大脑中形成自觉，并根据已知信息在潜意识中生成自己的感受。感受分为直觉和知觉、感觉，下面分别进行说明。

a. 名人主观的思考方式，不基于事实或证据。

第一小步：人接收外界信息，有自己的理解后，能够对出现的与之相似的其他事物产生系统的、潜意识的认知与感受。这种感受分为两种情况：一种是不基于事实或证据，另一种是基于事实或证据。我们首先分析不基于事实或证据形成的人的主观思考方式。这种情况下形成了义项“名人主观的思考方式，不基于事实或证据”。

该义项的形式角色多为具体的人或物，如“直观媒体”“数字”“女人”“我”“孩子”“心”“灵珊”“母爱”等，有时可以省略，如“（研究者的）经验和直觉”“（我们的）直觉”等；行为角色多为行为动作，如“凭”“通过”“听”“看”“臆测”“肯定”“捞”等。

汉语词典未收录该义项，而英语词典中有类似释义，如《牛简》中的释义为“ have a belief or impression, especially without an identifiable reason”,《麦高》中的释义为“ to have a particular way of thinking about something, especially one that depends on your emotions rather than on facts or evidence"。

该义项在"觉"的平衡语料库中共有 134 条语料，占比为 1.34%。用例如下：

（16）也许直［觉］告诉你？（当代 \CWAC）

（17）"丝袜"这个词儿，发音听起来总让人有一种柔情、光滑和细腻的感［觉］。（当代 \ 应用文 \ 健康养生 \2006 张晓梅 修炼魅力女人）

（18）有的人说话语速很快，像机关枪扫射，给人上气不接下气的感［觉］。（当代 \ 应用文 \ 健康养生 \2006 张晓梅 修炼魅力女人）

b. 动从（某人）经历中产生结果或感受。

第二小步：基于事实或证据产生的感受。到了这一阶段，人对事物已理解、有感受、有直觉后，能够根据部分已知信息产生某些新的感受。在该过程中，主体已经具备一定的推理能力，因此，这也是人认知场景的最后一步。这种情况下形成了义项"从（某人）经历中产生结果或感受"。

该义项的主体论元多为具体的人，如"老板""解放军""女人""记者""陈琬清""职工"等，有时可以省略，隐含在具体语料的语境当中，用例如"（我）感觉""（王振武）感觉""（职工）感觉"等；客体论元多为具体的人或情况，如"他们""谢晋""反差"等，用例如"感觉到（春天真的来了）""觉着（机会来了）""觉着（满喜是穷光蛋）"；方式论元为行为动作，如"（通过）握手""（通过）听""（通过）走""（通过）说""（通过）片言碎语""（通过）侦察"等。如下面的例（21），方式论元为"片言碎语"，客体论元为"他们"，该句表达的意思是在片言碎语中获得某人的信息，即"从（某人）经历中产生结果或感受"。

该义项未被外向型汉语词典收录，然而英语词典中有类似释义。如" feel"在《牛高》中的释义为" The impression that is created by a place, situation etc."，在《韦氏》中的释义为"to be aware of (something) in your mind or emotions"，在《柯林斯英语词典》中的释义为" If you feel the effect or result of something, you experience it"，在《牛简》中的释义为" experience (an emotion or sensation)"。因此，我们基于语料库，并结合外向型英语词典的释义，将该义项描写为"动从（某人）经历中产生结果或感受"。

该义项在"觉"的平衡语料库中共有 147 条语料，占比为 1.47%。用例如下：

（19）且万一定案以后，别经发［觉］隐情，或别有起衅缘因，亦势难追改成狱。（现代\文学\1913 王冷佛 春阿氏）

（20）然而，记者在先进的机械设备面前，感［觉］到一种强烈的反差。（当代\报刊\报刊精选\1994 年《报刊精选》01）

（21）片言碎语中，感［觉］到了他们的跃跃欲试。（当代\报刊\报刊精选\1994 年《报刊精选》04）

四、结语

综上，我们建议外向型汉语学习词典将“觉”的义项划分及描写如下：①动（人或动物的器官）对外界刺激的感受和辨别。②动意识到某事或某人，即使你看不见、听不见。③动对人、事、物等有清晰的认知：a. 自觉：人对某事或某物有意识清醒的认知。b. 觉醒：对道理或理论知识的认知从迷茫到清晰。c. 觉得：认为或相信某事确实如此；有特定的观点或态度。④直觉：a. 名人主观的思考方式，不基于事实或证据。b. 动从（某人）经历中产生结果或感受。

第六章

现代汉语心理动词释义的优化及其对国际中文教学的启示

本章在《现汉》(第 7 版）已有释义的基础上，基于语料库，运用论元结构理论与时间场景理论，参考其他汉、英学习词典，对所选的 15 个认知类心理动词“想”“思”“虑”“记”“念”“忆”“忘”“望”“希”“盼”“欲”“懂”“知”“悟”“觉”的释义进行了优化，主要体现为义项划分更加精细、义项描写更加准确，以及义项排序更加系统，并且在此基础上提出了教学建议。

第一节　思考类心理动词释义的优化

本节在已有释义的基础上，基于语料库，运用论元结构理论与时间场景理论，参考其他汉、英词典，对所选的“想”“思”“虑”三个思考类心理动词的释义进行了优化，主要体现在义项划分、义项描写以及义项排序三个方面。

一、思考类心理动词义项划分的优化

在义项划分方面，我们根据语料实际情况，参考其他词典的义项划分，重新划分了“想”“思”“虑”的义项，并解释了各义项的产生原因，具体如表 6–1 所示。

表 6–1　思考类心理动词义项划分的优化

思考类心理动词	分立义项	义项衍生原因	时间性	语义类型
想	①动开动脑筋思考问题。	人脑通过感觉器官感触外部事物展开思考。	内在时间性（表示现在）	心理义

续表

思考类心理动词	分立义项	义项衍生原因	时间性	语义类型
想	②名想法：开动脑筋思索的结果。	转喻。	内在时间性（表示现在）	心理义
	③动考虑：对人或事物的现状做出思考。	为认清人或事物的现状而思考。		
	④动理解：对人或事物的现状认识得比较清楚。	理解人或事物的现状。		
	⑤动判断：对人或事物提出主观或客观的看法。	对人或事物做出判断。		
	⑥动思念亲人或过去认识的人。	表示怀念、思念过去的人。	外在时间性（表示过去）	
	⑦动回忆过去发生的事。	回忆、回想过去发生的事情。		
	⑧动希望；打算：想要或计划做某件事情。	将来时间场景。	外在时间性（表示将来）	
思	①动认真地思考问题。	人脑通过感觉器官感触外部事物，开始认真地思考问题。	内在时间性（表示现在）	心理义
	②动考虑：为认清人或事物的现状而盘算。	为认清人或事物的现状而思考。		
	③名思路：特指写文章的思路。	对人或事物的现状有了思路。		
	④名思想；想法：对人或事的看法或观点。	对人或事物形成主观或客观的看法或观点。		
	⑤名做某事的心思或情绪。	人们脑海中形成某种心绪或者情绪。		
	⑥形为某人或某事感到悲伤哀愁。	有了情绪后，就会产生悲伤、哀愁的情感。		
	⑦动思念亲人或过去认识的人。	表示怀念、思念过去的人。	外在时间性（表示过去）	
	⑧动回忆过去发生的事件。	回忆、回想过去发生的事情。		
	⑨动希望或想要做某事。	将来时间场景。	外在时间性（表示将来）	
虑	①动仔细考虑某事，尤指为了做出决定。	人脑通过感觉器官感触外部事物展开思考。	内在时间性（表示现在）	心理义

续表

思考类心理动词	分立义项	义项衍生原因	时间性	语义类型
虑	②[动]担忧；发愁：使某人或自己为某人或某事感到焦虑。	在仔细考虑某事后，为某人或某事感到担忧。	内在时间性（表示现在）	心理义
	③[名]心思；情绪：做某事的心思或者情绪。	人们脑海中形成某种心绪或者情绪。		

二、思考类心理动词义项描写的优化

在义项描写方面，我们在论元结构理论指导下，以思考类心理动词本义的论元结构为例，基于描述性话语释义原则，对“想”“思”“虑”三个思考类心理动词的义项描写进行了优化，主要是增补了论元角色，从而提高了义项描写的准确性，具体如表 6–2 所示。

表 6–2　思考类心理动词论元结构的优化

思考类心理动词	原有论元角色	修改后论元角色
想	0	客体论元
思	0	客体论元
虑	0	客体论元、目的论元

三、思考类心理动词义项排序的优化

在义项排列顺序方面，我们基于思考类心理动词的时间性特征，调整了“想”“思”“虑”三个思考类心理动词义项的排列顺序，实现了其义项排序的系统性，具体如表 6–3 所示。

表 6–3　思考类心理动词义项排序的优化

思考类心理动词	原排序	修改后排序
想	现在时、将来时、过去时、现在时	现在时、过去时、将来时
思	现在时、过去时、将来时、现在时	现在时、过去时、将来时
虑	现在时	现在时

第二节　回忆类心理动词释义的优化

本节在已有释义的基础上，基于语料库，运用论元结构理论与时间场景理论，参考其他汉、英学习词典，对所选的“记”“念”“忆”“忘”四个回忆类心理动词的释义进行了优化，主要体现在义项划分、义项描写以及义项排序三个方面。

一、回忆类心理动词义项划分的优化

在义项划分方面，我们根据语料实际情况，参考其他词典的义项划分，重新划分了“记”“念”“忆”“忘”的义项，并解释了各义项的产生原因，具体如表 6–4 所示。

表 6–4　回忆类心理动词义项划分的优化

<table>
<tr><th>回忆类心理动词</th><th>分立义项</th><th>义项衍生原因</th><th>时间性</th><th>语义类型</th></tr>
<tr><td rowspan="8">记</td><td>①动为了不忘记，用笔、纸、本子等把数据、事件、话语等写下来。</td><td>大脑通过感觉器官感知到各类信息，发出指令产生手部动作，从而通过纸笔等媒介进行记录。</td><td rowspan="8">内在时间性（表示现在）</td><td>痕迹义</td></tr>
<tr><td>②动把印象保持在脑子里：c. 记住某些需要特别强调的事情。</td><td>写下来的目的是不忘记，由义项①转指而来。</td><td>心理义</td></tr>
<tr><td>③名记载、描写事物的文字（多用于书名或篇名）。</td><td>突显“写”的结果，由义项①转指而来。</td><td rowspan="6">痕迹义</td></tr>
<tr><td>⑧名事物经过后留下的痕迹。</td><td>由义项③的具体义隐喻产生义项⑧的抽象义。</td></tr>
<tr><td>⑥量多用于某些动作的次数。</td><td>由义项①转指义项⑥。</td></tr>
<tr><td>④名引起注意，帮助识别、记忆等的标志、记号。</td><td>义项①通过隐喻机制产生义项④。</td></tr>
<tr><td>⑤名皮肤上生下来就有的深色的斑。</td><td>义项④通过隐喻机制产生义项⑤。</td></tr>
<tr><td>⑦素印章。</td><td>义项④通过隐喻机制产生义项⑦。</td></tr>
</table>

续表

回忆类心理动词	分立义项	义项衍生原因	时间性	语义类型
记	②动把印象保持在脑子里：a.脑海中保持着关于过去某人、某事或者某个地点的印象。	突显客体论元：过去某人、某事件或某个地方。	外在时间性（表示过去）	心理义
	②动把印象保持在脑子里：b.回想起曾经知道的某些事实或者信息。	突显客体论元：曾经的事实或信息。		
	②动把印象保持在脑子里：d.把将要做的事情记在心里。	突显客体论元：将要做的事情。	外在时间性（表示将来）	
念	①动（看着文字）读出声音，让自己或者别人听到。	突显目的论元。	内在时间性（表示现在）	言说义
	②动发音：（用特定的念法）读出字母、词等的音。	突显客体论元。		
	③动看着文字，通过朗读或默读的方式理解文字的意思。	突显方式论元与目的论元。		
	④动学习某学科或课程。	突显客体论元。		
	⑤动多指学生学习知识：a.在某个地方学习。	义项④转喻形成义项⑤并突显场所论元。		
	⑤动多指学生学习知识：b.正处于某一阶段的学习。	义项④转喻形成义项⑤并突显时间论元。		
	⑤动多指学生学习知识：c.学习的时长。	义项④转喻形成义项⑤并突显时间论元。		
	⑥动想念；怀念：a.思念亲人或过去认识的人。	突显客体论元“过去认识的人”。	外在时间性（表示过去）	心理义
	⑥动想念；怀念：b.回忆过去发生的事件。	突显客体论元“过去发生的事”。		
	⑦动想到；考虑到：（尤指为做出决定）考虑与某人或某事有关的重要因素。	突显目的论元“做判断”，突显客体论元“重要因素”。	外在时间性（表示将来）	
	⑧名内心对某事的想法或打算。	义项⑦转喻形成义项⑧并突显主体论元“内心”、对象论元“某事”。		

续表

回忆类心理动词	分立义项	义项衍生原因	时间性	语义类型
忆	①动记得：将材料、信息等留在脑海中，记住不忘。	大脑通过识别信息，提取其意义，从而帮助主体论元（人）记住信息。	内在时间性（表示现在）	心理义
	②动回想：大脑中再现某人或某事经过的活动（含想念之意）。a. 回想并想念过去的人。	突显客体论元“过去认识的人”。	外在时间性（表示过去）	
	②动回想：大脑中再现某人或某事经过的活动（含想念之意）。b. 回想某事的细节并使他人知道。	突显客体论元“过去发生的事”，突显目的论元“使他人知道”。		
	③名保持在脑子里的过去事物的印象。	突显客体论元“过去发生的事”。		痕迹义
	④名记忆或回忆所及的时期和范围。	突显场所论元“所及的时期和范围”。		
	⑤名物体所展现的过去的痕迹。	突显主体论元“物体”，义项③隐喻形成义项⑤。		
忘	①动忽略；忽视：a. 全身心地投入到某件事中，以至于没有注意到其他人或事。	第一步，大脑通过感觉器官感知到各类信息，发出指令刺激大脑做出反应，如全身心地投入到某件事中，以至于没有注意到其他的人或事。	内在时间性（表示现在）	心理义
	①动忽略；忽视：b. 没有给后述对象应有的重视。	第二步，没有注意到其他的人或事之后，也就没有给后述对象应有的重视。		
	①动忽略；忽视：c. 不把某人或某事放在心上。	第三步，没有给后述对象应有的重视后，（主观上）不把某人或某事放在心上。		
	①动忽略；忽视：d.（主观上）停止想，不再想某人或某事。	第四步，不把某人或某事放在心上后，就停止想某人或某事。		
	①动忽略；忽视：e. 舍弃某人或某事。	第五步，停止想某人或某事后，就会舍弃某人或某事。		
	②动忘记：a. 无法回忆起在大脑中留下记忆的信息、事实、人、事等。	增加场所论元“大脑中”，增加客体论元“信息、事实、人、事”。	外在时间性（表示过去）	

续表

回忆类心理动词	分立义项	义项衍生原因	时间性	语义类型
忘	②动忘记：b. 把某人或某物遗漏在了某地（没有带需要的人或事物）。	增加对象论元“某物”，增加场所论元“某地”。	外在时间性（表示过去）	心理义
	③动没能记住应该做或打算做的事情。	增加客体论元“事情”。	外在时间性（表示将来）	

二、回忆类心理动词义项描写的优化

在义项描写方面，我们在论元结构理论指导下，以回忆类心理动词本义的论元结构为例，基于描述性话语释义原则，对“记”“念”“忆”“忘”四个回忆类心理动词的义项描写进行了优化，主要是增补了论元角色，从而提高了义项描写的准确性，具体如表 6–5 所示。

表 6–5　回忆类心理动词论元结构的优化

回忆类心理动词	原有论元角色	修改后论元角色
记	0	目的论元 + 方式论元 + 客体论元
念	0	客体论元
忆	0	客体论元 + 场所论元；客体论元
忘	0	场所论元 + 客体论元

三、回忆类心理动词义项排序的优化

在义项排列顺序方面，我们基于回忆类心理动词的时间场景，调整了“记”“念”“忆”“忘”四个回忆类心理动词义项的排列顺序，实现了其义项排序的系统性，具体如表 6–6 所示。

表 6–6　回忆类心理动词义项排序的优化

回忆类心理动词	原排序	修改后排序
记	现在时	现在时、过去时、将来时
念	过去时、现在时	现在时、过去时、将来时

续表

回忆类心理动词	原排序	修改后排序
忆	现在时、过去时	现在时、过去时
忘	过去时	现在时、过去时、将来时

第三节　希望类心理动词释义的优化

本节在已有释义的基础上，基于语料库，运用论元结构理论与时间场景理论，参考其他汉、英学习词典，对所选的“望”“希”“盼”“欲”四个希望类心理动词的释义进行了优化，主要体现在义项划分、义项描写以及义项排序三个方面。

一、希望类心理动词义项划分的优化

在义项划分方面，我们根据语料实际情况，参考其他词典的义项划分，重新划分了“望”“希”“盼”“欲”的义项，并解释了各义项的产生原因，具体如表 6-7 所示。

表 6-7　希望类心理动词义项划分的优化

<table>
<tr><th>希望类心理动词</th><th>分立义项</th><th>义项衍生原因</th><th>时间性</th><th>语义类型</th></tr>
<tr><td rowspan="7">望</td><td>①[动]有意观察某人或某物，以便获得更多信息。</td><td>大脑通过眼睛得知了所看到的内容并刻意去观察，突显客体论元与目的论元。</td><td rowspan="6">内在时间性（表示现在）</td><td rowspan="4">视觉义</td></tr>
<tr><td>②[介]前述对象的位置正面朝向后述对象。</td><td>义项①转喻形成义项②，并突显源点论元。</td></tr>
<tr><td>③[动]朝着后述对象或方向远看。</td><td>突显客体论元。</td></tr>
<tr><td>④[动]访问、探望某人。</td><td>突显客体论元。</td></tr>
<tr><td>⑤[形]有名望的。</td><td>突显评价角色。</td><td rowspan="2">评价义</td></tr>
<tr><td>⑥[名]社会上流传的对一个人或者团体的评价。</td><td>突显客体论元。</td></tr>
<tr><td>⑦[动]希望并等待后述事件实现：a. 要求某人做某事。</td><td>突显客体论元。</td><td>外在时间性（表示将来）</td><td>心理义</td></tr>
</table>

续表

希望类心理动词	分立义项	义项衍生原因	时间性	语义类型
望	⑦动希望并等待后述事件实现：b. 相信会出现某种情况。	突显客体论元。	外在时间性（表示将来）	心理义
	⑧名心中期待的事。	义项⑦转喻形成义项⑧。		
希	①动希望并等待后述事件实现。	突显客体论元。	外在时间性（表示将来）	心理义
	②动想要某事发生并认为这是可能的。	突显客体论元＋评价论元。		
	③动如果可能的话希望做某事。	突显条件论元＋客体论元。		
	④动使自己的言行迎合别人的心意。	突显客体论元。	内在时间性（表示现在）	
	⑤形相当于“稀”，指人或事物出现得少。	突显主体论元。		通假词
	⑥形寂静无声。	义项⑤隐喻形成义项⑥。		听觉义
盼	①动经历漫长过程把人或情况等来。	突显时间论元＋客体论元。	内在时间性（表示现在）	心理义
	②用于表达对人或物的思念或想念。	突显客体论元。	外在时间性（表示过去）	
	③动用于表达说话者的某些请求。	突显主体论元＋客体论元。	外在时间性（表示将来）	
	④动向他人表达美好的祝福。	突显客体论元。		
	⑤动盼望：a. 盼望某事情发生。	突显客体论元。		
	⑤动盼望：b. 盼望某人。	突显客体论元。		
	⑤动盼望：c. 盼望某物。	突显客体论元。		
	⑥名盼望：主要指人们心里的一种良好愿望或期望。	义项⑤转喻形成义项⑥。		
	⑦动希望某人或情况快点儿到来。	突显客体论元。		
	⑧动用眼睛看，主要指将视线转向特定方向。	突显方式论元＋终点论元。	内在时间性（表示现在）	视觉义
欲	①名希望获得或完成特定对象的心理状态。	由义项③④转指而来。	内在时间性（表示现在）	心理义
	②动需要：后述事件为前述事件的必要条件。	突显客体论元。		

续表

希望类心理动词	分立义项	义项衍生原因	时间性	语义类型
欲	③动希望获得后述对象。	突显客体论元。	外在时间性（表示将来）	心理义
	④动希望完成后述事件。	突显客体论元。		
	⑤副表将要，将近。	由义项③④转指而来。		

二、希望类心理动词义项描写的优化

在义项描写方面，我们在论元结构理论指导下，以希望类心理动词本义的论元结构为例，基于描述性话语释义原则，对“望”“希”“盼”“欲”四个希望类心理动词的义项描写进行了优化，主要是增补了论元角色，从而提高了义项描写的准确性，具体如表 6–8 所示。

表 6–8 希望类心理动词论元结构的优化

希望类心理动词	原有论元角色	修改后论元角色
望	1	客体论元 + 目的论元
希	0	客体论元
盼	0	客体论元
欲	0	客体论元

三、希望类心理动词义项排序的优化

在义项排列顺序方面，我们基于希望类心理动词的时间场景，调整了“望”“希”“盼”“欲”四个希望类心理动词义项的排列顺序，实现了其义项排序的系统性，具体如表 6–9 所示。

表 6–9 希望类心理动词义项排序的优化

希望类心理动词	原排序	修改后排序
望	现在时、将来时、现在时	现在时、过去时、将来时
希	将来时	现在时、过去时、将来时
盼	将来时、现在时	现在时、过去时
欲	将来时	现在时、将来时

第四节 了解类心理动词释义的优化

本节在已有释义的基础上，基于语料库，运用论元结构理论与时间场景理论，参考其他汉、英学习词典，对所选的“懂”“知”“悟”“觉”四个了解类心理动词的释义进行了优化，主要体现在义项划分、义项描写以及义项排序三个方面。

一、了解类心理动词义项划分的优化

在义项划分方面，我们根据语料实际情况，参考其他词典的义项划分，重新划分了“懂”“知”“悟”“觉”的义项，并解释了各义项的产生原因，具体如表 6-10 所示。

表 6-10 了解类心理动词义项划分的优化

了解类心理动词	分立义项	义项衍生原因	时间性	语义类型
懂	①[动]知道某种专门的技术或学问。	人通过感觉器官感知外部事物而知道某种专门的技术或学问。	内在时间性（表示现在）	心理义
	②[动]了解自己或别人的感受。	知道后，就能够了解自己或他人的感受。		
	③[动]理解别人的意图或想法。	经过接触或亲身经历后，对别人的目的或想法有自己的理解。		
	④[动]明白：a. 明白别人说的话。	理解后，明白某人言语背后的意思。		
	④[动]明白：b. 明白事情或观点的原因。	理解后，明白事情或观点的原因。		
	⑤[动]根据已知信息推断出新的信息。	明白后，对人或事做出主观判断或客观推理。	外在时间性（表示将来）	
知	①[动]意识到某事。	人类在日常生活中，通过身体感官接收信息，大脑处理后，会对外界事物形成自己的意识或感受。	内在时间性（表示现在）	心理义
	②[名]知识：为了人才培养而学习的某领域的知识。	人类对事物发展拥有自己的认知感受后，会对客观世界产生认知而获取知识。		

续表

了解类心理动词	分立义项	义项衍生原因	时间性	语义类型
知	③动使（别人）知道信息。	人类获取知识后，大脑会对接收的信息内容进行加工内化，理解后产生自己的经验，然后使别人知道。	内在时间性（表示现在）	心理义
	④动知道：a. 知道某件事情。	使人知道了某信息后，人就知道了某件事情。		
	④动知道：b. 懂得某个道理。	使人知道了某信息后，人就懂得了某个道理。		
	④动知道：c. 人或物因某一成就或特点而被多数人知道。	某一成就或特点成为人们注意的焦点时，人就被很多人知道。		
	⑤名成为某人的知己，有时也指志同道合的朋友。	隐喻。		
	⑥动主管：管理一个地区的事务。	转喻。		
	⑦动对未知信息或事物形成主观判断与推测：a. 基于已知信息判断未知信息。	因为信息量的累积，人们能对某些信息运用自如，能够根据已知信息推断未知信息。	外在时间性（表示将来）	
	⑦动对未知信息或事物形成主观判断与推测：b. 基于已知信息未预测到未知信息。	因为信息量的累积，人们能对某些信息运用自如，能够根据已知信息推断未知信息。		
悟	①动觉悟；醒悟；悔悟：人对某事或理论等由不解到有自己的理解。	对事物由不解、不知到有所了解、理解。	内在时间性（表示现在）	心理义
	②动感悟；参悟：理解或意识到一个特定的事实或情况，常为佛教用语。	人对已知的规则、道理有所注意后，能够基于已有的理解从中筛选出新的内容。		

续表

了解类心理动词	分立义项	义项衍生原因	时间性	语义类型
悟	③动顿悟；恍然大悟：指人对某些道理突然有所了解，佛教中指在无杂念的情况下明白真理。	了解一定事物道理后，基于积累的经验，对部分之前不知道的、较为浅显的规律能够突然有所了解，有自己的思想意识。	内在时间性（表示现在）	心理义
	④名悟性：自己对之前未认知的事物或道理的领会能力。	人基于经验，对事物的认知方式、过程逐渐转变内化，并进行编码加工，产生对事物认知理解的能力。		
	⑤动大彻大悟；明悟；开悟：凭借自己的智慧清楚地明白某些道理，佛教中指运用本心了解一切世间变化。	拥有认知能力后，可以凭借自身的能力对事物有清晰的认知。		
觉	①动（人或动物的器官）对外界刺激的感受和辨别。	人的身体感官接收到外界信息时会产生自己的反应，即触觉、视觉、听觉等。	内在时间性（表示现在）	心理义
	②动意识到某事或某人，即使你看不见、听不见。	人对外界信息有自己的反应后会发现、意识到某些事情或事物，即察觉、发觉。		
	③动对人、事、物等有清晰的认知：a. 自觉：人对某事或某物有意识清醒的认知。	发觉某些事物后能够对事物有自己清晰的认知。		
	③动对人、事、物等有清晰的认知：b. 觉醒：对道理或理论知识的认知从迷茫到清晰。	在大脑中形成自觉，并根据已知信息在潜意识中生成自己的感受。		
	③动对人、事、物等有清晰的认知：c. 觉得：认为或相信某事确实如此；有特定的观点或态度。	在大脑中形成自觉，并根据已知信息在潜意识中生成自己的感受，这种感受逐渐变得清晰。		

续表

了解类心理动词	分立义项	义项衍生原因	时间性	语义类型
觉	④直觉：a.名人主观的思考方式，不基于事实或证据。	人的身体感官接收到外界信息时会产生自己的反应。	内在时间性（表示现在）	心理义
	④直觉：b.动从（某人）经历中产生结果或感受。	人对外界信息有自己的认知、观点后会形成经验。根据已知信息，在潜意识中生成自己的感受。		

二、了解类心理动词义项描写的优化

在义项描写方面，我们在论元结构理论指导下，以了解类心理动词本义的论元结构为例，基于描述性话语释义原则，对“懂”“知”“悟”“觉”四个了解类心理动词的义项描写进行了优化，主要是增补了论元角色，从而提高了义项描写的准确性，具体如表 6–11 所示。

表 6–11　了解类心理动词论元结构的优化

了解类心理动词	原有论元角色	修改后论元角色
懂	0	客体论元
知	0	客体论元
悟	0	客体论元
觉	2	主体论元 + 场所论元 + 客体论元

三、了解类心理动词义项排序的优化

在义项排列顺序方面，我们基于了解类心理动词的时间场景，调整了“懂”“知”“悟”“觉”四个了解类心理动词义项的排列顺序，实现了其义项排序的系统性，具体如表 6–12 所示。

表 6–12　了解类心理动词义项排序的优化

了解类心理动词	原排序	修改后排序
懂	现在时	现在时（内在时间认知规律）

续表

了解类心理动词	原排序	修改后排序
知	现在时	现在时（内在时间认知规律）
悟	现在时	现在时（内在时间认知规律）
觉	现在时	现在时（内在时间认知规律）

第五节　心理动词释义优化对国际中文教学的启示

国际中文教学的理念是培养“知华友华爱华”的学习者。国际中文教师应把握好度，合理挖掘词典中的义项元素，精心挖掘中文课中能引导留学生认知并理解时间维度心理动词语义的内容。本节以我们优化后的15个时间维度心理动词的所有义项为教学材料，讲一下时间维度心理动词的教学模式与策略。教师可依据教学材料，提炼这些词语的语义特征，如“想”的语义特征为“心理义+时间性+客体论元”，并基于语义特征采取多元化的教学策略。下面以“想”为例进行说明。

基于“想”的时间场景，结合“想”在CCL语料库中突显的主要论元角色，我们对“想”的教学提出如下建议：

一、基于衍生规律的“想”的时间场景教学

“想”的义项衍生规律为：以“想”的现在时间场景为基点，其过去时间场景和将来时间场景都是以现在时间场景为基点推算出来的。

“想”的现在时间场景可以描写如下：先是人通过眼、耳、口、鼻、舌等感觉器官从外部环境中获得信息，接着开动脑筋思考问题，继而产生一系列心理活动，这些心理活动正好构成一个完整的认知过程。一个完整的认知过程主要包括四个步骤：第一步，人通过感觉器官感触外部事物，展开思考，形成义项①“动开动脑筋思考问题：a. 根据某种观点或事实解决问题。b. 在头脑中形成某种不想让人知道的观点。c. 把事情记在心里”和义项②“名想法：开动脑筋思索的结果”。第二步，通过思考认清事物，于是形成义项③“动考虑：对人

或事物的现状做出思考”。第三步，在认清事物的基础上理解事物，于是形成义项④“动理解：对人或事物的现状认识得比较清楚”。第四步，理解事物后对其做出主观定性或客观判断，于是形成义项⑤“动判断：对人或事物提出主观或客观的看法”。这一认知过程没有明显的外在时间顺序，但逻辑上蕴含着先后认知顺序，这便是“想”的内在时间性的表现。

以“现在”为基点，“想”的过去时间场景可分为两类：一类是怀念、想念过去的人，一类是回忆、回想过去已经发生的事情。围绕这两类时间场景，“想”产生了以下两个义项：⑥“动思念亲人或过去认识的人”、⑦“动回忆过去发生的事”。“想”表示将来的时间场景是以“现在”为基点推导出来的，在该场景中，“想”的对象多为尚未发生的事件，形成的义项为⑧“动希望；打算：想要或计划做某件事情”。

二、基于语料驱动的“想”的论元搭配教学

论元是构成场景的主要单位，论元在句中担任语义角色，若干个角色就构成了论元结构（袁毓林，2002）。动词会随着其搭配对象的不同而产生不同的意义，下面以“想”的第一个义项为例进行说明。“想”的第一个义项为“动开动脑筋思考问题：a. 根据某种观点或事实解决问题”。该义项在所分析语料中共有 1570 条，占比为 15.7%。

（1）为减少风险，我们是不是可以［想］出一个更好的办法？（应用文\社会科学\中国农民调查）

（2）他今天心里很乱，［想］了［想］，改变了主意，说，“准备一点也好。”（文学\大陆作家\周而复 上海的早晨）

该义项对应《现汉》中“想”的义项①“开动脑筋；思索”。《现汉》将“开动脑筋”与“思索”置于并列位置并不妥当，因为“开动脑筋”并不是“想”的核心意义，而是指“想”的方式，如“你用脑子好好想想”“开动脑筋想问题”等。释义元语言“思索”是指“思考并探索”，但是通过语料标注，我们发现“思考”更接近此处“想”的核心意义。在自建的平衡语料库中，该义项共有 1570 条语料，其中：突显方式论元的有 198 条，如“你动动脑筋想一想”“做事情怎么从不动脑呢”“绞尽脑汁也想不出应对办法”；突显对象论元的

有 388 条，如“这个问题得好好想想”“闭着眼想心事”“这些重大问题你都没有想过吗”“不妨想一下，治理一个省份与治理一个国家的方式一样吗”；突显目的论元的有 667 条，如“想方设法”“我们是不是可以想出一个更好的办法”“她终于想出了一个解决问题的办法”。

与“想”对应的英语词“ think”的这一义项在《牛高》中被描述为“ to use your mind to consider sth., to form connected ideas, to try to solve problems, etc.”。《牛高》的释义突出了方式论元“ to use your mind”、对象论元“ sth.”、目的论元“to try to solve problems”以及核心动词“consider”。冯海霞（2018）认为意义的构建离不开用句子或词组构建的典型情境。“比起本族语学习者，二语学习者‘需要更多的描述性信息’”（于屏方，2007：221）。根据语料标注情况，并参考《牛高》对“ think”的释义，可以突出方式、对象及目的论元，将该义项描述为“动开动脑筋思考问题：a. 根据某种观点或事实解决问题”。

三、基于产出导向法的“想”的教学模式构建

国际中文教学作为国家和民族的事业，是国家发展战略部署的重要组成部分。时间维度心理动词的教学在国际中文教学中具有重要意义。在构建人类命运共同体的背景下，留学生如何习得时间维度心理动词成为近年来学者关注的焦点与热点。国际中文教材中包含较多的心理动词，《国际中文教育中文水平等级标准》中包含的时间维度单音节多义心理动词有 25 个，从产出导向法的视角去教留学生时间维度心理动词，有利于留学生对时间维度心理动词的习得。时间维度心理动词无不建立在时间场景中。然而，要想在国际中文教学中产生更好的教学效果，还需要更多人的努力探索（吴琳，2003）。

已有研究多采用多义词辨析、语块教学法、系统义项教学法等方法提高时间维度心理动词的教学效果（张逸，2023）。然而，已有方法有其局限性，它们不能解决时间维度心理动词教学的国别化问题。产出导向法能有效调动学习者学习的积极性，同时也便于教师及时监测学习者学习中存在的个性问题。鉴于此，我们基于产出导向法理论，在汉语作为第二语言学习者中进行时间维度心理理动词“想”的教学实践，并对教学效果进行检验，最后对留学生时间维度心理动词的教学进行反思与评价。

（一）文献综述

产出导向法（以下简称 POA）是由北京外国语大学文秋芳团队在十几年理论和实践的循环中构建并逐步完善的教学理论。该理论强调学生先产出，教师记录学生产出过程中出现的问题，然后有针对性地输入相关知识，接着学生再次产出（文秋芳，2015）。文秋芳（2015）强调在各门课程中都要以产出为导向。除了应用于中国的英语教学外，POA 还适用于国际中文教学（桂靖、季薇，2018；朱勇、白雪，2019）。王俊菊、周杰（2023）指出，POA 被广泛用于专业英语、大学英语、专门用途英语、国际中文和非通用语的教学中，并有明显的促学效果。陶继芬（2021）从教学研究的角度出发，考察了 POA“读说”模式英语口语课堂教学设计，学生的反馈证明 POA“读说”口语教学模式能有效提高学生二语交际意愿，课堂教学达到了预期效果。

2017 年 5 月，POA 团队在北京举办“首届创新外语教育在中国”国际论坛，首次建议将 POA 理论运用到国际中文教学中。在论坛上，加拿大多伦多大学 Alister Cumming 教授、美国密歇根州立大学 Charlene Polio 教授等学者建议将 POA 应用到国际中文教学中（朱勇、白雪，2019）。在这一背景下，陆续有学者将 POA 理论运用到国际中文教学实践中，研究成果主要集中在以下四个方面：

1. POA 在国际中文教材中的应用

桂靖、季薇（2018）运用 POA 理论对汉语综合教材中的一课从单元结构、生词、语言点以及练习设计等方面进行 POA 化处理，并进行了 4 课时的教学实践，这对教材编写与使用有一定的启发意义。朱勇、白雪（2019）运用 POA 理论中的“教学材料与评价理论框架”考察了 POA 在国际中文教学中的适用性，实施结果表明 POA 在国际中文教学中有较强的适用性，他们还从课文知识结构视角考察了 POA 理论对教材编写的启示，然而，其研究因词汇、语法促成不够导致学生有一定的不适感。鲁文霞（2022）按照 POA“驱动—促成—评价”的教学流程介绍了《新时代汉语口语》教材，指出该教材在编写流程和板块设计上的主要特点，其编写流程的反向设计与以最终产出任务为核心有一定的启发作用，然而，其研究未考虑教材中文化内容的设计要点与特点。

2. POA 在国际中文教学中的有效性

刘露蔓、王亚敏、徐彩华（2020）以埃及开罗大学孔子学院为例，将 POA 理论应用于中级汉语综合课教学实践中，考察了 POA 在海外汉语综合课教学中的有效性，研究结果表明：在技能方面，POA 对提升学生的阅读、写作能力效果显著，听力无显著变化；在知识方面，POA 对学生掌握总体内容、文章结构、文字词汇效果显著，语法不显著。以上研究考察了 POA 理论在语言知识与技能教学方面的有效性，但未专门考察 POA 理论在心理动词词汇教学中的有效性。

3. 基于 POA 理论的国际中文教学模式探索

栾著（2016）提出以问题为导向的任务型教学模式和以表达为导向的综合型教学模式。许希阳、吴勇毅（2016）以 POA 理论为视角，从输入、输出和评价反馈三方面构建对外汉语写作课教学的新模式，并进行了教学实验，实验结果证明，POA 指导下的新型写作教学模式优于传统教学模式。这两项研究都探讨了 POA 指导下的语言课教学新模式，然而均未探讨语言课中的词汇教学新模式。

4. 基于 POA 的中国文化和国情教学

梁霞（2022）从质性角度研究了 POA 指导下的中国文化和国情教学新思路。张晴、张璐（2018）评价了束定芳主编的《中国文化英语教程》，认为该教材成功地将 POA 运用到了文化教学中。这两项研究都构建了文化教学新模式，然而其研究主要是思辨性的，缺乏数据支撑。彭小娟、冯海丹、张男（2022）运用 POA 研究了语言课中的文化教学，并进行了教学测试，研究结果表明，新的教学模式优于传统教学模式。

通过文献梳理，我们发现已有的 POA 理论在国际中文教学中的应用研究主要集中在语言要素、语言技能、语言教学模式等领域，其研究对时间维度心理动词的教学有一定的启发性，其局限性在于因词汇、语法促成不够导致学习者有一定的不适感，且 POA 指导下的心理动词教学模式构建研究成果鲜见。

为弥补前人研究的不足，我们拟运用 POA 理论对优化后的 15 个时间维度心理动词进行教学实践，产出前布置了词汇学习任务，避免学生产生不适感。此外，我们拟运用 POA 理论构建时间维度心理动词教学新模式，并运用 SPSS 工具进行有效性检验。

（二）研究设计

1. 研究目的

基于 POA 挖掘时间维度心理动词的语义特点与规律，以丰富时间维度心理动词教学的路径与方法；通过时间维度心理动词的教学，促进留学生对时间维度心理动词的认知与理解；通过时间维度心理动词的汉英释义对比，促进留学生跨文化语用能力的提升，从而助力人类命运共同体的构建。

2. 研究方法

本研究采用了对比研究法和实验法。首先，将大理大学 2021 级汉语国际教育专业本科留学生分为 A、B 两组，每组各 15 人，随机抽取 6 名不同国籍的学生进行面对面深度访谈，每位访谈对象的访谈时间设置为 1 个小时左右，以确保被试对实施时间维度心理动词的教学不反感。然后，将 30 名被试分别设为实验组与对照组，实验前测试两组同学对 15 个时间维度心理动词的掌握情况，运用 SPSS26.0 对两组的成绩进行独立样本 t 检验，保证实验前两组的水平相当。

3. 被试

笔者给大理大学 2021 级汉语国际教育班讲授“学术论文写作”课，故以这个班作为研究对象，按照前测平均分设立实验组与对照组，确保两组的平均分基本一致，两组的人数均为 15 人。为了确保实验组和对照组具备可比性，我们在实验前对两个班进行了一次时间维度心理动词模拟测试。把成绩输入 SPSS26.0 进行独立样本 t 检验，结果显示，实验组与对照组的成绩无明显差异（$t = -0.611$，$p = 0.502 > 0.05$），说明两个班可以进行对比（详见表 6–13）。

表 6–13　第一次摸底测试成绩独立样本 t 检验结果

组别	均值	标准差	t 值	p 值
对照组	81.26	5.102	−0.611	0.502
实验组	82	4.01		

4. 实验设计

POA 理论的教学方法为“驱动—促成—评价”的 N 循环（文秋芳，2018），这种多次循环有利于知识的“内化”。基于 POA 教学法，我们以时间维度心理动词“想”为例，进行了以下设计。

（1）教学步骤

首先，实验前对被试进行模拟测试，保证两个组实验前的水平相当。然后，实验组采用新的教学流程，即“产出—输入—评价”教学流程，对照组采用传统的教学流程，即按照《现汉》(第 7 版）的展示顺序照本宣科地教授“想”的义项，不进行以产出为导向的专门训练。

（2）教学目标

通过分享评价、角色扮演，帮助学生认识和理解时间维度心理动词；通过老师的点评反馈加深学生的理解；通过角色扮演、采访与评价等活动促进文化交流，提升学生的跨文化交际能力和构建人类命运共同体的意识。

（3）教学模式

教学模式由驱动、促成、评价三部分组成，分为课前、课中、课后三个阶段，并规定了教师任务与学生任务（见图 6–1）。

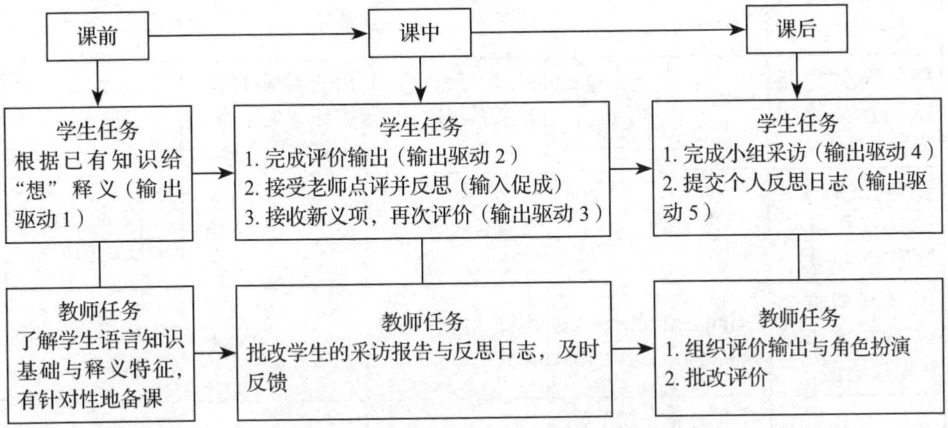

图 6–1　基于 POA 的“想”的教学模式

5. 教学示例

为检验教学设计的可行性，我们进行了教学实验。

教师调查了不同国家的词典对“想”的释义。教师与分别来自泰国、老挝、缅甸、越南的 14 名留学生进行了一对一访谈，访谈对象均为 2021 级汉语国际教育本科班的留学生，均通过了 HSK 四级，属于汉语高级学习者。教师从不同国家外向型学习词典对“想”的释义方式、释义精细度、释义完备性、释义系统性四个方面进行了调查，以了解不同国家流行的汉语学习词典对“想”的释义情况。访谈结果如表 6–14 所示。

表 6–14　留学生“想”的释义访谈结果

调查内容	泰国	老挝	缅甸	越南
常见汉语学习词典名称	พจนานุกรมฉบับราชบัณฑิตยสถาน（泰国词典）	VadJaNanou komlao ວັດຈະນານຸກົມລາວ	Pleco（汉英词典）	Hanzii Dict（越南词典）/ 汉越词典（繁体）
“想”翻译为你的母语是什么	คิด, อยาก, ดำริ, นึกคิด, คาดคะเน, ใคร่ครวญ, ไตร่ตรอง, พินิจ	1.KitHord ຄິດຮອດ 2.Kit ຄິດ 3.Yak ຢາກ	ချင်သည်၊သတိရသည်	Nhớ, nhớ nhung, nghĩ ra
释义方式（以词释词还是短语或句子释义）	短语	句子	短语	短语
释义完备度（义项数量）	5	4	3	6
释义精细度（解释是否清楚）	很清楚	清楚	清楚	很清楚
释义系统性（是按照什么规律来释义的）	有规律，按照“想”的表达方向来释义	释义系统性	用直接翻译法，按照“想”所表达的意思来释义	
释义系统性（义项是按照什么顺序排列的）	按词性排序	按词性排序	按词的意义排序	按词的意义和词的分类排序
你平时用哪本词典查找不认识的汉语词	พจนานุกรมฉบับราชบัณฑิตยสถาน（泰国词典）	翻译 APP，老挝词典	Pleco（汉英字典）	Hanzii Dict（越南词典）
以下是《现汉》对“想”的释义，跟你们国家的权威词典最大的不同是什么	意思基本上都一样；泰语“想”有以下意思： 想 +N：想谁、想某个事情 S+ 想 +V：表示礼貌地想要什么	老挝句子释义	意思基本上一样，但不是完全对应的	意思基本上都一样。越南语“想”有以下意思： 想 +N：想谁、想某个事情 S+ 想 +V：表示礼貌地想要什么
准确度	95%	90%	95%	90%
“想”在《现汉》中有 6 个义项：动①开动脑筋；思索：~ 办法 |~ 方设法 | 冥思苦 ~。②推测；认为：我 ~ 他今天不会来。③希望；打算：我 ~ 到杭州去一趟。④怀念；想念：~ 家 | 朝思暮 ~| 我们很 ~ 你。⑤回忆；回想：十几年前的事，他已经 ~ 不起来了。⑥记住：让弟弟 ~ 着给妈妈写信。				

从表 6–14 中我们可以发现，留学生所选用的汉语学习词典主要为其国内编写的词典。越南比较流行的汉语学习词典有《汉越词典》，缅甸没有汉缅词典，所以普遍使用 Pleco（汉英词典）。从释义方式来看，泰国、老挝、缅甸、越南留学生常用的汉语学习词典都是描述性话语释义词典，四个国家的词典中"想"的义项数量分别是 5 个、4 个、3 个、6 个，与中国大陆编写的外向型汉语词典差不多。四个国家的词典中"想"的释义准确度都在 90% 以上。在释义系统性方面，越南和缅甸的词典主要按照词的意义和词的分类来排序，而泰国与老挝的词典则按照词性排序。

关于《现汉》中"想"的释义跟自己国家的汉语学习词典中的释义有何不同这个问题，四个国家的学生的回答基本一致，都认为两者差不多。总而言之，四个国家的留学生常见的汉语学习词典的义项数和意义与《现汉》差不多，最大的差别就是这四个东南亚国家中流行的汉语学习词典对"想"的释义都是描述性话语释义，且以双语词典或者其国内编写的外向型汉语词典为主。这就启示我们，要加强区域国别的研究，编纂适合不同国家留学生的汉语学习词典。

6. 教学形式及说明

（1）教师组织个人分享

教师对学生课前已提交的"想"的释义效果考察表（课前已将优化后的"想"的释义与《现汉》已有释义效果考察表发给了学生，学生基于所给语料做出了判断）进行考察分析，把结果反馈给学生，点评学生的判断。

（2）任务形式

教师从学生提交的考察表中挑出不同国别较有代表性的问卷，作为范本提问，以引导学生思考；学生小组讨论后回答问题，即判断并评价范本中认同的选项和不认同的选项；教师从留学生普遍认知的角度点评小组讨论的结果。

（3）教学说明

传统的词汇课教学流程是直接输入词典中"想"的释义，未进行以产出为导向的词汇系统教学。由于汉语词典释义多采用以词释词的方式，没有将该词的语法、语义与语用结合起来，所以留学生很难理解。如果教师不组织专门的训练，学生很难理解词典中"想"的全部义项，更不能将其有效迁移到自己真实的生活中。"驱动—促成—评价"这一教学模式是先产出后输入，再通过各种活动内化学生的价值观，输入的内容为学生在真实语境下产出的价值观。这种模式促使教师更有针对性地备课，解决学生在输出过程中产生的问题，以帮助学生认知和理解时间维度心理动词“想”的用法。

7. 分组角色扮演并评价

主题：关于“想”的情景剧

（1）示范作品

示范作品剧名：《思绪之舞》

角色：

主角：李想，一位内心深邃、充满好奇和幻想的年轻人。

配角：王思思老师，李想的哲学导师，一位理解并鼓励他追寻内心想法的智者。

场景一：李想的卧室（李想坐在床边，望着窗外的夜空，满脸深思。）

李想（自言自语）：“我在想，这宇宙究竟有多大？我是怎样成为这无尽宇宙中的一分子的？我的存在有何意义？”（他的眼神中闪烁着光芒，仿佛他已经穿越了时空，看透了宇宙的奥秘。）

场景二：教室（李想在课堂上向王思思老师提出了他的问题。）

李想：“王老师，我常常想一些大问题，关于生命，关于宇宙，关于我存在的意义。您觉得我应该怎样去理解这些问题呢？”

王思思（微笑）：“李想，你的问题很好。你知道吗，‘想’本身就是一种存在的方式。你的问题没有答案，或者说，答案就在你‘想’的过程中。每一个想法，每一个疑问，都是你与宇宙对话的方式。你不需要去寻找一个确定的答案，而是需要享受这个‘想’的过程。”

场景三：夜晚的海边（李想独自坐在海边，望着星空，他的内心充满了思绪。）

李想（心中想）：“也许，我就是为了思考而存在的。每一个想法，都是我生命的一部分，它们构成了我独特的存在。我无须去寻找答案，因为答案就在我心中。我要做的，就是继续思考，继续探索，让我的思绪在这无尽的宇宙中舞蹈。”

李想（站起来，对着星空大声地说）：“我想，我会继续思考，继续探索，因为这就是我，独一无二的我！"（在月光的照耀下，李想的身影在海边拉得很长，他的思绪飞得很远。）

（2）任务形式

个人构思 5 分钟→小组讨论 20 分钟，合作完成剧本的创作（选 2 个小组，说一说自己小组讨论的结果，需要说至少 10 个句子）→下课前学生上交小组创作的剧本。

（3）教学说明

在示范剧本学习环节，学生已经能用对话体表达"思绪之舞"，为角色扮演奠定了语言基础及构思基础。接下来，小组参考范本创作与"想"有关的情景剧，任务难度有所增加。小组讨论时，组员互相交流各自的观点，然后集体创作出大家一致认为最佳的剧本。教师组织学生表演小组创作的剧本，引导他们发现问题，包括词语、语法错误，并对情景剧进行点评。学生在教师的指导下及时认识到不足之处，在纠正作品的同时也纠正语言表达上的错误。传统的词典释义教学，教师花大量时间讲解词语的义项，缺少在语境中习得词语的专门训练，而 POA 教学模式注重学生自身的语言产出，在真实的产出下，教师帮助学生发现问题、分析问题，并最终解决问题。

8. 小组采访及报告

（1）任务形式

小组采访→形成报告提交→课堂分享→教师点评→学生反思

（2）教学说明

采访几个不同国家的人，围绕"常用的汉语学习词典、释义方式（以词释词还是短语或句子释义）、释义完备度（义项数量）、释义精细度（解释是否清楚）、释义系统性（是按照什么规律来释义的）"等问题做个小调查，并写成采访报告，然后在课堂上和同学们交流采访结果。教师点评典型采访报告（同上面的讲评环节），学生依据教师的反馈，反思自己的采访报告。

调查提纲：1. 你常用的汉语学习词典是哪一本？ 2. 这本词典的释义方式是什么？ 3. 这本词典的释义是否涵盖该词在现实生活中体现出的所有意思？ 4. 这本词典对词语的意思解释得是否清楚、明白？ 5. 这本词典的释义是否有规律？有何规律？

（3）提交反思日志

学完“想”之后，要求学生提交反思报告，从质性角度了解学生“想”的习得过程。

以上教学模式旨在完整地展示教学各环节，使学生在环环相扣中逐步掌握表述并评价与“想”相关的故事的能力，并能结合生活实际创作与“想”相关的剧本，进行角色扮演，教师从学生的角色扮演中发现问题，然后带领学生进行有针对性的语言学习，最后学生通过采访报告与反思日志再次输出，如此，通过多轮实践与思考促进“想”的内化。

本研究所实施的教学模式不同于认知心理学所提出的“输入—内化—输出”模式，而是通过POA提出的“驱动—促成—评价”N次循环的方式实现“想”各义项的内化。认知心理学认为，价值观需要内化才能被吸收（颜士刚等，2018）。因此，提前收集故事并点评、结合生活创作剧本、角色扮演、小组采访等实践活动都有利于价值观的内化。

（三）实验结果及分析

教学实验是确保研究科学性的必要手段。为了检验POA在“想”的教学中的效果，我们选取两组做了对比实验。试行新模式后，我们再次进行了测试，根据独立样本t检验的结果，这次测试实验组与对照组的成绩呈现出明显差异的特征（$t=-2.58$，$p=0.016<0.05$）（见表6–15）。

表6–15 第二次测试成绩独立样本t检验结果

项目	均值	标准差	t值	p值
对照组	82.777	4.738	−2.58	0.016
实验组	86.034	4.520		

研究表明，实验组的成绩明显高于对照组，实验组通过提前产出、教师即时点评、学生有针对性地输入、学生再次产出、教师再次点评等循环，在情境中进行“想”的教学，学生吸收良好。

（四）讨论与建议

目前，针对留学生词汇教学课时不足、词汇教学与语法教学脱节等问题，我们以 POA 为理论视角，开展了在语境中进行“想”的教学的实验，构建了时间维度心理动词教学新模式。经过教学实验，我们发现新教学模式优于传统教学模式，能够优化国际中文教育中时间维度心理动词的教学策略与实施路径，也能促进国际中文学习词典释义的优化。

我们认为，教学反思是教师发展的持续动力，是提高教学质量的重要途径，是实现教学改革的必经之路。我们主要通过知识与情境的融合、情景剧的挖掘、词汇与剧本的交融来促进留学生对“想”的习得。我们从以下方面进行了教学反思与评价。

1. 实现词汇与篇章的协同发展

在以产出为导向的时间维度心理动词“想”的教学实践中，学生不以学习单个词为目标，而是基于该词的特点，设计与生活密切相关的剧本以完成产出任务。词汇教学与语篇教学紧密结合，既教会了学生汉语语言知识，同时也让学生认知与理解了时间维度心理动词使用的语境，将心理动词的内隐性通过角色扮演的形式表现出来。

两次模拟测试的结果表明：在 POA 理论指导下的时间维度心理动词“想”的“驱动—促成—评价”教学模式不仅提高了留学生的汉语水平，而且加深了留学生对时间维度心理动词的认知与理解。

2. 了解留学生所属国主流外向型汉语词典的释义特点

在留学生词汇课堂中融入剧本教学需要考虑留学生所属国主流外向型汉语词典的释义特点。如越南主流汉语学习词典是本土编写的 Hanzii Dict，该词典强调描述性话语释义，按照“意义与分类”进行义项排序，释义元语言包括描述性话语与搭配结构。教师在课前应了解学生喜好的汉语学习词典的基本情况，有针对性地进行国别化教学，并利用各种机会推介中国的优秀外向型汉语学习词典，从而以润物细无声的方式加深留学生对中国主流外向型汉语学习词典的认知与理解。

3. 国际中文教师应自觉树立跨文化国别教学意识

高校的基本任务是培养人才，教学是高校教师的基本任务。培养专业课教师的跨文化教学意识尤为重要。

词汇教学是外语教学的核心课程，教师良好的跨文化教育管理意识和能力是进行有效的词汇教学最重要的保障，国际中文教师肩负着“讲好中国故事，树立中国形象”的重任，更要树立跨文化国别化教学意识。为此，国际中文教师首先要提升自身的跨文化素养，要了解国内外主流外向型汉语学习词典的特点，坚定文化自信，牢固树立教书育人与立德树人意识，更要清醒地认识到，留学生词汇课堂不仅要教授语言知识，更要提高学生的创作能力。

（五）总结与展望

我们运用对比法与实验法考察了 14 名不同国别留学生常用的汉语学习词典中时间维度心理动词“想”的释义方式、释义完备性、释义精细度以及释义系统性等问题，以确保对《现汉》中“想”的释义进行的改写能被学生普遍接受；然后，在产出前布置了词汇、剧本学习任务；最后，在实验前后对两组分别进行了前测与后测，以考察新的教学模式的有效性。研究结果表明，新的教学模式优于传统教学模式，实现了知识体系与价值体系的有机统一，解决了因词汇语法促成不够导致学生产生不适感的问题以及词汇课中篇章教学意识缺乏等问题。

然而，我们的研究也存在明显的局限性：因为样本量不足，我们仅在所教授的 2021 级汉语国际教育班（留学生）的“学术论文写作”课程中设计了“想”的新的教学模式，并进行了教学实验，未在其他课型与班级中试用。

未来的研究需要关注以下三点：第一，关于“产出驱动”，一个完整的教学单元应包含三至四次产出，即对课前布置任务的产出、对输入后的刻板产出以及迁移产出，这样学生学习的语言知识才能内化。第二，关于输入促成，输入在产出之后，不是先入为主的强制灌输。需要注意的是，心理动词的教学主要以情景剧的表演为主，因此，学生输入的内容主要为“想”的情景。当然，评价也非常重要。课堂上活动结束后的评价为即时评价，即时评价形式应多样化，包括组间评、组内评、全班评、师评等多种形式，评价过程即输入过程。关于课前任务与课后作业的评价一般是以教师为主的延时评价（输入），这样便于教师以问题为导向，精心备课，讲评典型错误，展示优秀范例。第三，关于内化，认知心理学认为，语言知识只有内化后才能重构学生的知识体系，因此，应该开展一系列的实践活动来促进留学生对时间维度心理动词的内化。

结　语

《商学》的编写者在编纂过程中提出，应当在释义中区别不同词目的相同意义成分，以便于外国学生更好地掌握这些词的准确用法。时间维度心理动词不同的小类有相同和不同的语义成分。我们以思考类心理动词“想”“思”“虑”，回忆类的“记”“忆”“念”“忘”，希望类的“希”“望”“盼”“欲”，了解类的“懂”“知”“觉”“悟”作为词典义项划分与描写的具体操作对象，在基于CCL语料库对时间维度心理动词中的思考类、回忆类、希望类、了解类动词重新划分与描写义项前，先基于留学生中介语语料库考察了以上类别相关字词的使用偏误情况，为释义优化提供现实依据。我们在重新划分与描写15个时间维度心理动词的义项时，根据场景理论与论元结构理论解释了其义项成因，以此来确定释义重点，从而实现了释义优化，并为其教学提供启示。

我们以对“想”等15个时间维度心理动词义项分布情况的研究结果为基础，提出时间维度心理动词释义优化建议如下：

第一，在释义方式方面，可以减少以词释词的方式，多使用描述性话语释义方式。时间维度心理动词复杂多样，词义丰富，使用同义词释义的方式不利于词典使用者有效区分词义。在时间维度心理动词的释义过程中，可以通过增加动词义项的相关论元，并结合时间场景，使不同义项的区别特征更加明显。

第二，要不断提高释义的准确度与精细度。在词典释义中，应尽全力找到时间维度心理动词在不同语境中意义的差异，合理划分义项，为词典使用者提供更加详细、准确的释义信息，还应结合语料库中的义项分布情况，合理增收新义项。

第三，要不断提高释义的系统性。在词典释义中，应尽力找出时间维度心理动词的时间性特征，基于时间顺序依次划分与描写义项，提高义项划分与描写的系统性。

动词是句子的核心，作为动词中一个非常重要的子类，心理动词在一部词典中的释义情况能从一个侧面反映出该词典的编纂水准。将论元结构理论、时间场景理论和语料库技术引入时间维度心理动词释义中，能有效提升词典释义水平，提升用户体验。

我们选取时间性强、使用频率高的15个时间维度心理动词“想”“思”“虑”“记”“念”“忆”“忘”“望”“希”“盼”“欲”“懂”“知”“悟”“觉”作为研究对象，运用语料库技术进行大规模语料采集、抽样、标注等工作，将这些字词在语料中的意思与已有外向型汉语学习词典中的释义进行对照，发现这些词典存在心理动词义项精细度低、释义不够准确且缺乏系统性等问题。然而，已有研究尚未解决这些问题。因此，我们主要运用论元结构理论，并根据时间维度心理动词的时间性特征，在考察大规模语料库的基础上，对以上15个时间维度心理动词的义项进行了重新划分和描写，并阐释了各义项之间的衍生关系，提高了义项划分的完备性、义项描写的准确性和义项排序的系统性。最后，我们运用“场景教学法”“搭配教学法”“产出导向法”探讨了时间维度心理动词的教学问题。实践表明，优化后的释义采用以上三种教学法进行教学能够促进汉语二语学习者对时间维度心理动词的习得。

我们的研究结果和主要创新点如下：

以《现汉》(第7版）为蓝本，结合语料库技术，对15个时间维度心理动词分别自建包含10000条语料的数据库，并做了详细的标注和分析，发现已有的外向型汉语学习词典存在15个时间维度心理动词的义项划分不完备、义项描写不准确、义项排序混乱等问题。因此，在论元结构理论与时间场景理论指导下，我们基于语料库，结合外向型英语词典的释义，重新划分和描写了这15个时间维度心理动词的义项，并进行了教学实践与释义有效性调查。教学实践结果表明，新的教学模式优于传统教学模式。释义有效性调查以“想”为例，调查结果表明，优化后的释义更易于被留学生接受，释义优化效果显著。

我们的主要观点是：时间维度心理动词的义项划分必须考虑其时间性特征，时间性分为外在时间性与内在时间性。不同小类体现的时间性特征存在一定的差异，主要表现为：

思考类心理动词的释义不仅具有外在时间性特征，而且具有内在时间性特征，内在时间性特征主要体现在现在时，外在时间性特征主要体现在过去时与将来时，过去时与将来时都以现在时为基点推导而来。

回忆类心理动词的释义体现了其外在时间性特征的过去时与内在时间性特征的现在时，过去时由现在时推导而来。

希望类心理动词的释义体现了其外在时间性特征的将来时与内在时间性特征的现在时，将来时由现在时推导而来。

了解类心理动词的释义体现了其内在时间性特征，主要体现为人脑认知过程的先后顺序，由此衍生出不同的义项。

我们的创新性主要体现在将时间性特征与论元结构理论结合来划分与描写心理动词的义项，并且依据其外在时间性特征与内在时间性特征探究其义项衍生规律，为外向型汉语学习词典释义优化提供了参考。我们还就优化前与优化后的义项进行了教学实践，多种教学法的实验都表明，优化后的义项更有利于二语学习者的习得。

我们的研究还存在一些不足之处。首先，由于我们的时间和精力有限，选词范围相对较小，研究结果有一定的局限性。要想全面分析所有时间维度心理动词的义项分布规律，有必要基于机器学习，提取大规模的语料样本并进行词向量统计。其次，由于我们的外语水平有限，仅选取了英语词典作为参考。世界上的优秀外向型词典远不止英语词典，还有俄语、日语等其他语言词典也值得我们学习。现代汉语时间维度心理动词的区域国别研究还有较大发展空间。

参考文献

工具书类

[1] A.S. 霍恩比 . 牛津高阶英语词典［ M ］.10 版 . 北京：商务印书馆，2021.

[2] Stevenson A，Waite M. *Concise Oxford English Dictionary*［ M ］.12th. Oxford: Oxford University Press，2011.

[3] Thompson. 牛津简明英语词典［ M ］. 北京：外语教学与研究出版社，2000.

[4] 北京语言学院语言教学研究所 . 现代汉语频率词典［ M ］. 北京：北京语言学院出版社，1986.

[5] 李晓琪，刘德联，牟淑媛，等 . 汉语常用词用法词典［ M ］. 北京：北京大学出版社，2002.

[6] 李行健 . 现代汉语规范词典［ M ］.4 版 . 北京：外语教学与研究出版社，2022.

[7] 李忆民 . 现代汉语常用词用法词典［ M ］. 北京：北京语言学院出版社，1995.

[8] 鲁健骥，吕文华 . 商务馆学汉语词典［ M ］. 北京：商务印书馆，2006.

[9] 吕叔湘 . 现代汉语八百词［ M ］. 北京：商务印书馆，1980.

[10] 马建忠 . 马氏文通［ M ］. 北京：商务印书馆，2010.

[11] 梅里亚姆 - 韦伯斯特公司 . 韦氏大学英语词典［ M ］. 北京：中国大百科全书出版社，2014.

[12] 商务印书馆辞书研究中心 . 现代汉语学习词典［ M ］. 北京：商务印书馆，2010.

[13] 苏新春 . 现代汉语分类词典［ M ］. 北京：商务印书馆，2013.

[14] 孙全洲 . 现代汉语学习词典［ M ］. 上海：上海外语教育出版社，1995.

[15] 王还 . 汉英双解词典 [M] . 北京：北京语言文化大学出版社，1997.
[16] 徐玉敏 . 当代汉语学习词典：初级本 [M] . 北京：北京语言大学出版社，2005.
[17] 姚小平 . 汉英词典 [M] .3 版 . 北京：外语教学与研究出版社，2009.
[18] 英国柯林斯出版公司 . 柯林斯 COBUILD 高阶英语学习词典 [M] .8 版 . 北京：外语教学与研究出版社，2017.
[19] 英国培生教育有限公司 . 朗文当代高级英语辞典 [M] .6 版 . 北京：外语教学与研究出版社，2019.
[20] 中国社会科学院语言研究所 . 现代汉语词典 [M] .7 版 . 北京：商务印书馆，2016.

著作类

[1] Palmer F R. The English Verb [M] . London: Longman，1974.
[2] Taylor J R. *Linguistic Categorization: Prototypes in Linguistic Theory* [M] . Beijing: Foreign Language Teaching and Research Press，2001.
[3] 范晓，杜高印，陈光磊 . 汉语动词概述 [M] . 上海：上海教育出版社，1987.
[4] 冯海霞 . 语文词典语义类别释义的多维研究 [M] . 北京：中国社会科学出版社，2018.
[5] 黄伯荣，廖序东 . 现代汉语 [M] . 增订六版 . 北京：高等教育出版社，2017.
[6] 黄建华 . 词典论 [M] . 上海：上海辞书出版社，2001.
[7] 黄建华，陈楚祥 . 双语词典学导论 [M] . 北京：商务印书馆，2001.
[8] 刘珣 . 对外汉语教育学引论 [M] . 北京：北京语言大学出版社，2000.
[9] 吕叔湘 . 中国文法要略 [M] . 北京：商务印书馆，2014.
[10] 雍和明，罗振跃，张相明 . 中国辞典史论 [M] . 北京：中华书局，2006.
[11] 于屏方 . 动作义位释义的框架模式研究 [M] . 北京：中国社会科学出版社，2007.
[12] 张敏 . 认知语言学与汉语名词短语 [M] . 北京：中国社会科学出版社，

1998.
［13］张志毅，张庆云 . 词汇语义学与词典编纂［ M ］. 北京：外语教学与研究出版社，2007.
［14］张志毅，张庆云 . 理论词典学［ M ］. 北京：商务印书馆，2015.
［15］章宜华 . 计算词典学与新型词典［ M ］. 上海：上海辞书出版社，2004.
［16］章宜华 . 基于用户认知视角的对外汉语词典释义研究［ M ］. 北京：商务印书馆，2011.
［17］章宜华，雍和明 . 当代词典学［ M ］. 北京：商务印书馆，2007.

期刊论文

［ 1 ］艾红娟，李仕春 . 基于平衡语料库的现代汉语“心”字义项分布研究［ J ］. 周口师范学院学报，2020，37（3）：81-83.
［ 2 ］陈辰，黄龙杨 . 英汉心理动词对比研究——以“祝”“希望”和 hope、wish 为例［ J ］. 广东第二师范学院学报，2020，40（4）：87-94.
［ 3 ］陈思，李仕春 . 语料库视野下的现代汉语“思”字义项研究［ J ］. 成都师范学院学报，2017，33（9）：23-26.
［ 4 ］程丽霞 . 汉语想猜类构式的演化：从思考猜想到认识情态［ J ］. 外语教学，2014（1）：17-20.
［ 5 ］程忠红，吾金昂加 . 吐蕃印章演化及文化特性初探［ J ］. 四川民族学院学报，2022（4）：13-22.
［ 6 ］储泽祥，程书秋 . 制约“想 NV”格式成立的若干因素——兼谈与其相关格式“想 VN”的比较［ J ］. 汉语学习，2008（1）：19-27.
［ 7 ］戴伶伊，李仕春 . 语料库视野下的现代汉语“想”字义项分布研究［ J ］. 绥化学院学报，2016，36（9）：85-87.
［ 8 ］戴曼纯，刘晓英 . 中国英语学习者心理动词习得实证研究［ J ］. 外语学刊，2008（5）：114-122.
［ 9 ］董晓明，林正军 . 认知视域下的论元结构实证研究：回眸 · 省思 · 前瞻［ J ］. 西安外国语大学学报，2018（3）：12-17.
［10］房青 . 动词 make 的一词多义关系模式初探［ J ］. 牡丹江教育学院学报，

2011（2）：38-39.

[11] 丰竞 . 现代汉语心理动词的语义分析 [J] . 淮北煤炭师范学院学报（哲学社会科学版），2003（1）：106-110.

[12] 冯志伟 . 从格语法到框架网络 [J] . 解放军外国语学院学报，2006（3）：1-9.

[13] 顾阳 . 论元结构理论介绍 [J] . 国外语言学，1994（1）：1-11.

[14] 顾阳，沈阳 . 汉语合成复合词的构造过程 [J] . 中国语文，2001（2）：122-133+191.

[15] 桂靖，季薇 ."产出导向法"在对外汉语教学中的应用：教学材料改编 [J] . 世界汉语教学，2018，32（4）：546-554.

[16] 郭邵军 . 现代汉语中的弱断言谓词"我想" [J] . 语言研究，2004（2）：43-47.

[17] 洪桂治，苏新春 . 一个以义为纲的词汇分类体系——《现代汉语分类词典》[J] . 辞书研究，2015（1）：61-67.

[18] 胡文飞 . 新型汉英学习词典释义原则的构建 [J] . 辞书研究，2013（4）：40-48+94.

[19] 黄建华 . 词典论（十）[J] . 辞书研究，1984（4）：58-65.

[20] 黄群英，章宜华 . 认知语义的演变与词类和义项的划分 [J] . 暨南学报（哲学社会科学版），2008（4）：114-119.

[21] 季幼章，董俊国 . 人的认知结构和认知过程 [J] . 发明与革新，1999（3）：3-5.

[22] 李芳棋，王成，李仕春 . 基于物性结构理论的现代汉语"直"义项分布研究 [J] . 黑龙江工业学院学报（综合版），2021，21（4）：146-150.

[23] 李禄兴 . 从静态释义到动态释义——《当代汉语学习词典》释义方法的新探索 [J] . 辞书研究，2008（3）：66-74+85.

[24] 李仕春 . 基于语料库的现代汉语"黄"字义项分布研究 [J] . 中国海洋大学学报（社会科学版），2016（5）：103-109.

[25] 李小红 . 浅析"思"的语义演变和现实意义 [J] . 北方文学，2019（35）：262-263.

[26] 李晓倩，李仕春 . 类型学视野下的现代汉语“哭”字义项分布研究 [J]. 牡丹江大学学报，2018，27（3）：92-95.

[27] 李英姿 . 时间问题研究综述 [J]. 哲学动态，1995（5）：21-23.

[28] 刘露蔓，王亚敏，徐彩华 .“产出导向法”在海外汉语综合课教学中的有效性研究 [J]. 汉语学习，2020（4）：87-97.

[29] 刘晓梅 . 释义元语言·语义框架·语义场·对比解析——谈高级外向型汉语学习词典的几个问题 [J]. 学术交流，2005（8）：144-148.

[30] 鲁健骥 . 外国人学汉语的语法偏误分析 [J]. 语言教学与研究，1994（1）：49-64.

[31] 鲁文霞 . 产出导向法在汉语口语教材编写中的应用研究 [J]. 华文教学与研究，2022（2）：42-48.

[32] 栾著 . 基于产出导向法的对外汉语教学模式探索 [J]. 高教学刊，2016（21）：43-44.

[33] 彭小娟，冯海丹，张男 .“产出导向法”在留学生“课程思政”教学中的应用研究 [J]. 大理大学学报，2022，7（11）：122-128.

[34] 彭小娟，李仕春，郭中丽 . 论元的时间性对多义动词释义的优化作用——以“想”为例 [J]. 语言文字应用，2024（4）：85-94.

[35] 彭艳虹 . 一词多义现象中认知隐喻与转喻思维的探析 [J]. 英语广场，2019（1）：26-27.

[36] 祁庆倩 . 现代汉语心理动词的内部时间结构 [J]. 安徽大学学报（哲学社会科学版），2011（3）：85-90.

[37] 沈家煊 . 从“演员是个动词”说起——“名词动用”和“动词名用”的不对称 [J]. 当代修辞学，2010（1）：1-12.

[38] 石定栩 .Chomsky 句法理论的最新动向 [J]. 当代语言学，2003（1）：33-40+94.

[39] 苏新春，洪桂治，唐师瑶 . 再论义类词典的分类原则与方法 [J]. 世界汉语教学，2010（2）：158-169.

[40] 唐玉环 . 论“想不 X 都难”构式 [J]. 汉语学报，2019（4）：77-86.

[41] 陶继芬 .POA“读说”模式英语口语课堂教学设计 [J]. 当代外语研究，2021（3）：96-103.

[42] 王灿龙. 一个濒于消亡的主观性标记词——想是 [J]. 当代语言学，2009（1）：35-46.

[43] 王成，李仕春. 基于框架语义学的现代汉语"想"的义项分布研究 [J]. 萍乡学院学报，2019，36（4）：76-78+93.

[44] 王金英. "念"的语义演变与认知机制——从心理动词到言说动词、言语行为 [J]. 汉语史与汉藏语研究，2021（1）：272-284.

[45] 王静玉.《诗经》中"思"字用法探析 [J]. 汉字文化，2020（23）：3-4.

[46] 王俊菊，周杰. "产出导向法"促学效应的元分析 [J]. 外语教学与研究，2023，55（1）：91-103+160.

[47] 王希杰. "想"类动词的句法多义性 [J]. 汉语学习，1992（2）：7-13.

[48] 文马虹，李仕春. 基于论元结构理论的现代汉语"割"字义项分布情况研究 [J]. 长春理工大学学报（社会科学版），2021，34（5）：152-155.

[49] 文秋芳. 构建"产出导向法"理论体系 [J]. 外语教学与研究，2015，47（4）：547-558+640.

[50] 文秋芳. "产出导向法"与对外汉语教学 [J]. 世界汉语教学，2018，32（3）：387-400.

[51] 吴琳. 对外汉语教学中的方位文化教学 [J]. 中南民族大学学报（人文社会科学版），2003（S1）：127-128.

[52] 肖升，何炎祥. 基于动词论元结构的中文事件抽取方法 [J]. 计算机科学，2012（5）：161-164+176.

[53] 徐复岭. "知道"的构词方式是什么？——现代汉语语法的动态研究之一例 [J]. 汉语学习，1992（6）：20-21.

[54] 许希阳，吴勇毅. "产出导向法"理论视角下的对外汉语写作教学模式之探索 [J]. 华文教学与研究，2016（4）：50-60.

[55] 颜敏.《诗经》"思"字考辨 [J]. 现代语文（学术综合版），2017（2）：122-125.

[56] 颜士刚，冯友梅，李艺. 聚焦核心素养的教育目标分类体系构建——兼论"三层结构"模型的生成逻辑 [J]. 中国电化教育，2018（10）：49-54+106.

[57] 阳何婷，李仕春. 语料库视野下现代汉语"跳"字义项分布研究 [J]. 萍

乡学院学报，2019，36（1）：80-83.

[58] 杨彬．外向型学习词典释义模式浅析——《现汉》和《学汉》“目”部字释义对比［J］．长春理工大学学报（社会科学版），2011，24（9）：54-56.

[59] 杨德发．《论语》中的“思”字解读［J］．重庆与世界，2018（10）：53-55.

[60] 杨金华．现代语文词典应拒绝同义相训［J］．辞书研究，2003（6）：14-20.

[61] 杨金华．突出“对外”特性的释义和用法说明——析《商务馆学汉语词典》的释词［J］．辞书研究，2009（6）：52-57.

[62] 杨宁．外国学习者语法错误分析与外向型汉外词典的编纂［J］．辞书研究，2006（3）：114.

[63] 杨晓军，李赛红．语料库在词典编撰中的优势——兼评《牛津高阶英语学习词典》(第6版)［J］．外语与外语教学，2003（4）：47-51.

[64] 姚振武．汉语谓词性成分名词化的原因及规律［J］．中国语文，1996（1）：31-39.

[65] 于璠，蔡佳雯，李仕春．语料库视野下现代汉语“滑”字义项分布研究［J］．南昌师范学院学报，2015，36（1）：100-102.

[66] 袁义林．心理动词刍议［J］．烟台师范学院学报（哲学社会科学版），1988（4）：53-58.

[67] 袁毓林．论元角色的层级关系和语义特征［J］．世界汉语教学，2002（3）：10-22+2.

[68] 袁毓林．基于生成词库论和论元结构理论的语义知识体系研究［J］．中文信息学报，2013，27（6）：23-30.

[69] 曾文斌．“诵读”义动词“念”“读”“诵”的历时演变研究［J］．西南交通大学学报（社会科学版），2022，23（2）：85-95.

[70] 张积家，陆爱桃．汉语心理动词的组织和分类研究［J］．华南师范大学学报（社会科学版），2007（1）：117-123+160.

[71] 张家骅．“知道”与“认为”句法差异的语义、语用解释［J］．当代语言学，2009（3）：244-251+286.

[72] 张凯丽．基于HSK语料库的日本留学生意愿类心理动词的偏误研究［J］．

汉字文化，2021（23）：39-41.
［73］张苗苗．动词目的义的释义模式及相关问题［J］．语言教学与研究，2021（2）：103-112.
［74］张苗苗．基于论元结构和物性结构互动关系的释义方式考察——以切割类动词为例［J］．语言教学与研究，2023（3）：101-112.
［75］张志毅．辞书强国——辞书人任重道远的追求［J］．辞书研究，2012（1）：1-10.
［76］章宜华．学习词典释义结构与释义方法初探——英、法、汉语学习词典的对比研究［J］．外国语（上海外国语大学学报），1999（3）：73-78.
［77］章宜华．西方词典释义类型和释义结构研究［J］．辞书研究，2001（1）：39-50.
［78］章宜华．多义性形成的认知机制与词典义项的处理——兼谈多义词的语义理据及词典义项解读［J］．广东外语外贸大学学报，2005（3）：14-17.
［79］章宜华．基于论元结构构式的多维释义探讨［J］．现代外语，2015（5）：624-635.
［80］赵新，刘若云．关于外向型汉语词典释义问题的思考［J］．语言教学与研究，2009（1）：34-36.
［81］周光庆．“教”族词的形成发展及其文化意蕴［J］．古汉语研究，2005（4）：75-81.
［82］周上之．对外汉语的词典与词法［J］．汉语学习，2005（6）：54-56.
［83］周小兵．对外汉语学习词典的编写［J］．辞书研究，1997（1）：82-86.
［84］朱德熙．自指和转指——汉语名词化标记“的、者、所、之”的语法功能和语义功能［J］．方言，1983（1）：16-31.
［85］朱勇，白雪．“产出导向法”在对外汉语教学中的应用：产出目标达成性考察［J］．世界汉语教学，2019，33（1）：95-103.

学位论文类

［1］陈昕蓓．留学生心理动词“懂”“知道”“明白”的偏误分析——以韩国留学生的偏误为例［D］．开封：河南大学，2017.
［2］陈振宇．现代汉语时间系统的认知模型与运算［D］．上海：复旦大学，

2006.

［3］郭笑．“感”和“觉”及相关词语的比较研究和偏误分析［D］．武汉：华中师范大学，2014.

［4］金云烈（Kim Woonryeol）．韩国留学生习得“知道”类动词偏误分析及教学对策［D］．大连：辽宁师范大学，2020.

［5］李芳棋．基于生成词库论的现代汉语动物词义项分布研究［D］．重庆：西南大学，2022.

［6］李净雅（Lee Jeonga）．韩国学生汉语心理类近义动词习得偏误研究［D］．哈尔滨：哈尔滨师范大学，2021.

［7］李晓倩．语料库视野下的现代汉语抓取类动词义项分布研究［D］．重庆：西南大学，2019.

［8］李雪．泰国初级汉语学习者认知类心理动词“懂”“知道”偏误分析［D］．镇江：江苏大学，2021.

［9］刘博．韩国学生习得汉语心理动词偏误分析［D］．南宁：广西民族大学，2008.

［10］罗婷婷．意愿类心理动词“希望”“愿意”“想”的偏误分析［D］．长沙：湖南师范大学，2019.

［11］宁娜．空间维度形容词“长、短”的释义研究［D］．重庆：西南大学，2023.

［12］帕力扎·热合木吐拉．现代汉语认知心理动词语义网络研究［D］．乌鲁木齐：新疆大学，2021.

［13］乔相如．现代汉语量词范畴化的实现途径及认知机制研究［D］．武汉：华中师范大学，2022.

［14］孙运芹．外向型汉语学习词典的副词释义研究［D］．烟台：鲁东大学，2012.

［15］文马虹．语料库视野下的现代汉语切割类动词义项分布研究［D］．重庆：西南大学，2020.

［16］文雅丽．现代汉语心理动词研究［D］．北京：北京语言大学，2007.

［17］谢曼蓉．泰国四色菊皇家大学二年级学生心理动词“认为、以为、想”的偏误研究及教学建议［D］．西安：西北大学，2018.

［18］徐迟．对外汉语教学中“爱恨”类心理动词研究［D］．济南：山东师范大学，2015.

［19］杨氏贞．现代汉语带“的”的非典型定中结构［D］．上海：上海师范大学，2018.

［20］曾卿．语料库视野下的现代汉语心理动作义场代表词义项分布研究［D］．南宁：广西大学，2017.

［21］张青文．单语外向型汉语学习词典动词释义研究［D］．烟台：鲁东大学，2008.

［22］张锐敏．语料库视野下的现代汉语负重类动词义项分布研究［D］．重庆：西南大学，2020.

［23］张少英．动词释义元语言研究初探［D］．北京：北京语言大学，2006.

［24］张逸．“知道”类认知心理动词及其教学研究［D］．扬州：扬州大学，2022.

［25］赵雅瑞．《汉语水平词汇与汉字等级大纲》甲级认知类心理动词的语义研究［D］．太原：山西大学，2019.

其他类

［1］Bangjun Xu, Jingxiang Yin, Yi Qin, Qiwang Hu.Semantic-syntactic description of Chinese psycho-verb xiang (想)［C］. In: Liu P & Su Q (eds.). Workshop on Chinese Lexical Semantics. Berlin & Heidelberg: Springer, 2013.

［2］Collins COBUILD Advanced Learner's Dictionary［DB/OL］. *https://www.collinsdictionary.com.*

［3］Fillmore C J.The case for case［C］. In:Bach E & Harms R T (eds.). Universals in Linguistic theory. New York: Holt, Rinehart and Winston, Inc., 1968.

［4］Gries S T. Corpus-based methods and cognitive semantics: The many senses of to run［C］. In Gries S T & Stefanowitsch A (eds.). Corpora in Cognitive Linguistics: Corpus-based Approaches to Syntax and Lexis. Berlin & New York: Mouton de Gruyter, 2007.

［5］中华人民共和国教育部，国家语言文字工作委员会．国际中文教育中文水平等级标准（GF0025-2021）［S］．北京：北京语言大学出版社，2021.

附录："想"的释义有效性调查问卷

（说明：请将您认为更容易理解的选项字母 A、B 或 C 填到括号中。）

1. 请为以下"用例如下"选择您认为更容易理解的释义。 （ ）

用例如下：（1）机器厂里面的马达在飞快地转，机械也在飞快地转，工人正竭力［想］办法使生产品增加。过去敌人统治时，他们［想］尽办法偷懒、欺骗敌人。（现代\文学\1946 草明 龙烟的三月）

A. 开动脑筋思考问题：根据某种观点或事实解决问题。

B. 开动脑筋；思索。

2. 请为以下"用例如下"选择您认为更容易理解的释义。 （ ）

（2）也要对他们进行考核，要讲责任制，迫使大家［想］问题。（当代\应用文\议论文\1983 邓小平文选 2）

A. 开动脑筋思考问题：根据某种观点或事实解决问题。

B. 开动脑筋；思索。

3. 请为以下"用例如下"选择您认为更容易理解的释义。 （ ）

（3）王青心［想］为工厂做了那么多贡献，现在一家 4 口挤在一间 9 平方多米的小屋，这次分房本该能轮到她，可是分房方案里并没有她的名字。（当代\报刊\作家文摘\1996 年 1—6 月《作家文摘》）

A. 开动脑筋思考问题：在头脑中形成某种不想让人知道的观点。

B. 开动脑筋；思索。

4. 请为以下"用例如下"选择您认为更容易理解的释义。 （ ）

（4）我在基层搞了几十年农业技术推广，做梦都［想］着推广的良种能创下高产，农民得了益，自己心里就舒坦了。（当代\报刊\新华社\新华社 2001 年 6 月新闻报道）

A. 开动脑筋思考问题：把事情记在心里。 B. 记住。

5. 请为以下“用例如下”选择您认为更容易理解的释义。（　　）

（5）大人万万不可心存非分之［想］，一旦与那个女人有染，必死无疑！（当代\翻译作品\文学\199x Author 敦煌）

A. 开动脑筋思索的结果。　　B. 想法。

6. 请为以下“用例如下”选择您认为更容易理解的释义。（　　）

（6）汉武帝自己是雄才大略，他自己揽权，尚不甚要紧，他死了，他须替他后代小皇帝着［想］，于是来一位大司马大将军辅政，便出来问题了。（当代\CWAC）

A. 考虑：对人或事物的现状做出思考。　　B. 开动脑筋；思索。

7. 请为以下“用例如下”选择您认为更容易理解的释义。（　　）

（7）我现在都［想］明白了，怪不得雨杭不肯成亲，原来和你暗通款曲！（当代\文学\台湾作家\琼瑶 烟锁重楼）

A. 理解：对人或事物的现状认识得比较清楚。　　B. 理解；了解。

C. 开动脑筋；思索。

8. 请为以下“用例如下”选择您认为更容易理解的释义。（　　）

（8）徽因摆摆手说：“其实这只是人们的［想］当然。19 世纪以前，西方古代艺术被毁坏是常事。”（当代\史传\2002 张清平 林徽因）

A. 判断：对人或事提出主观或客观的看法。　　B. 推测；认为。

9. 请为以下“用例如下”选择您认为更容易理解的释义。（　　）

（9）在分开了一段时间以后，安娜异常［想］念她的孩子。（当代\文学\大陆作家\1994 曾卓 诗人的两翼）

A. 思念亲人或过去认识的人。　　B. 怀念；想念。

10. 请为以下“用例如下”选择您认为更容易理解的释义。（　　）

（10）我有勇气克服一切工作上的困难，可是一［想］起嫂子这件事，我就……（现代\文学\1959_8 老舍 全家福）

A. 回忆过去发生的事。　　B. 回忆；回想。

11. 请为以下“用例如下”选择您认为更容易理解的释义。（　　）

（11）你关于未来的计划里，有一个特别浪漫，你说你演到五十岁，然后［想］去周游世界？（当代\口语\电视访谈\鲁豫有约 开心果）

A. 希望；打算：想要或计划做某件事情。　　B. 希望；打算。